U0550983

全力出擊

ALL IN

林益全的球心之道

林益全
卓子傑 著

作者序

最初聽到有人要幫我出自傳時，我曾經先入為主的認為：「這應該是退休以後才要做的事情吧？」現在我還想繼續在球場奮戰，我還沒這麼快就要言退。

但在我老婆林家嘉的傳記《不做星光，也能成為一家人的太陽》率先問世，從她的書中，我回憶起職棒生涯我們一起共同努力的點點滴滴以後，我漸漸的被家嘉和子傑的理由說服了：「如果希望能傳達理念，應該在球員現役時期、影響力還很大的時候大膽去做。」現在我也認為這是對的。

決定做這本書以後，我唯一的堅持就是不想照本宣科，寫我從小到大幾歲時拿了什麼獎、幾歲時締造過什麼紀錄等等，因為我的職棒生涯很長，如果真的這樣寫，整本書會變成流水帳，對我和讀者而言都很無趣。

這一點我與本書共同作者子傑，以及堡壘文化的編輯夥伴伯儒很快達成共識。我們在書中想著重的是，一個本來認為棒球的本質，就是把自己做好就代表一切的人，如何在職棒生涯的各個轉折點中，認識到團隊互助的重要性；什麼又是團隊的本質？如何定義融入團隊？一個棒球員，如何將窮盡一生鑽研的技術，毫無保留的奉獻給球隊？對職業選手而言，團隊的定義，包含又不僅限於球隊以內，而是應該擴大至家庭，以及各專業領域能對選手提供幫助的後勤協助者團隊，這是球員的最強後盾，也是我自問能在職業生涯長期發光發熱的關鍵所在。

在本書開始以前，我想要感謝棒球路上幾位特別重要的貴人。

感謝台電棒球隊的陳哲祥總教練，在我高中時期還沒沒無聞的時候就注意到林益全這個選手的存在。高中畢業去到台電第一年，他每天餵球給我打，整個球隊都下班了，他還陪我自主訓練，等我練習結束以後再開車送我回家；在台電隊效力三年多，是陳教練幫我打下堅實的基礎，我才有跨級挑戰中華職棒的資本和信心。

接下來，我要感謝徐生明總教練，是他引領我進入職棒殿堂，在我加入中華職棒以後，他教導了我職棒選手不是只要會打棒球，還要學會做人。

如果沒有徐總教練的賞識，我進職棒後的道路不會這麼順遂，第一年以新人的身分打滿一百二十場比賽，也只有徐總教練有這般魄力如此破格啟用新人。他跟我說過，他深信我是能透過高壓鍛鍊成鑽石的原石，他一直從我身上看到這樣的潛力，所以不管外界如何批判他、高層施加多少壓力給他，即便總教練的位置都快要不保了，只要徐生明還在主帥位置上的一天，他的先發打線上就是會有林益全的一席之地。

他用強烈的手段磨練我成材，他用言語和調度明確的告訴我：「林益全，你只能成功、不能失敗！」儘管我已經沒有機會再當面跟他表達感謝，但我還是要在自己的書中特別再跟徐總說一次：「徐總，謝謝您！」

再來我要感謝我的爸爸和老婆，這兩位家人在我的棒球生涯中是無比重要的存在，如果沒有爸爸帶我認識棒球，並在我決定打棒球開始就一路無怨無悔陪伴與付出，就不會有林益全這位職棒選手的誕生。

在我職棒生涯的後期十餘年，我的老婆林家嘉成為我團隊裡的新「隊友」，在我們組成自己的家庭以後，她扛起了昔日我父親督促和輔助的角色，為我帶來更多求新求變的動力與刺激；雖然她也會對我發脾氣，但始終是為了我的職棒生涯著想，時刻都在思考用什麼方法能幫助我變得更好。

剛開始受家嘉幫助時，說實話我內心還秉持著男人的自尊，不想讓外人說我是「妻奴」、只會「聽某嘴」，感覺這種評價對男人很沒面子。

但結婚日久，我的職棒生涯在邁向巔峰以後逐漸有下滑的初始徵兆，這個過渡時期我經歷許多大環境的轉變和內心的自我懷疑，陪伴我度過這一切的始終都是我老婆，我內心深知她對我的幫助有多大！所以心境和做法也開始轉變，從當年對外總是嘴硬、不想把她捧得太高，以免傷害自己男子漢的自尊，到後來我總不吝於告訴別人：「我很依賴我老婆！她是我事業上不可或缺的好幫手、賢內助。」

她一直設法修正我根深蒂固的觀念和固執己見的做法，不管是球場上的表現還是球場外的公眾關係，她想盡辦法讓我改變，這並不是容易辦到的事。

從最開始順我的意、說我想聽的話，讓我願意和她展開對談，到後來我們的互動進展到忠言逆耳利於行，她直言不諱地指出我的缺失，甚至用激將法刺激我積極進取時我也能夠聽得進去。

我必須強調，無論現在的我有多少成就，都不是我一個人達成的，過程中有我父母的幫忙、有師長前輩的協助，有球迷們的支持，更有我老婆無怨無悔的付出。

家嘉率先與子傑合作，在二〇二四年就出版了個人傳記，在她的書中詳述了與我認識、交往到成家，又在我職棒生涯中透過不斷進修，逐漸成為事業夥伴的過程，所以在我的書中並沒有另設一個章節重複敘述這些往事，但如果你讀完我的書，會發現在各個章節的字裡行間，家嘉其實無所不在，這就是她對我的影響。

在她陪伴我求新求變的旅程中，我吸取了許多新知識，不管有沒有反應在我個人的成績上，我們都期許可以把所學傳承給更多需要幫助的人，這也是我們夫妻共同的事業願景。我希望以這本書為起點，讓更多人認識真正的林益全，也希望願意加入推動運動科技產業蓬勃發展、讓台灣棒球更進步的志同道合者能夠共襄盛舉，成為我們團隊的新夥伴。

最後，感謝我所有的球迷對我近二十年來的長期支持，因為有你們不離不棄、聲嘶力竭的應援，才有在中華職棒奮戰到底的林益全，由衷感謝你們參與我的棒球人生。

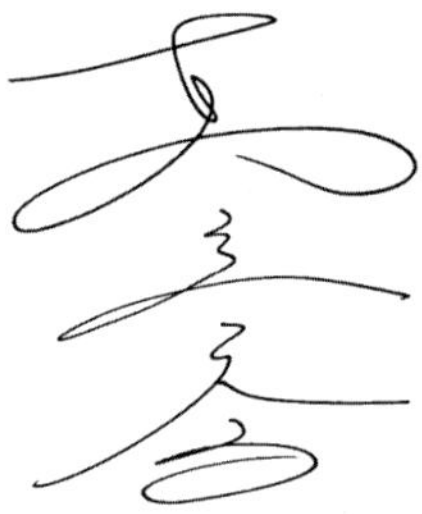

楔子

昔年一代強投郭泰源曾說：「如果問我投手是什麼？我會說投手是棒球場上的主宰，投手沒有動，棒球場就是靜止的。」這句話確實將睥睨於孤獨堡壘上的投手詮釋的恰如其分。

但後人又有云：「做為打者最大的快感，就是在投手把球投出後把球擊得又高又遠，打到所有防守者鞭長莫及之處，讓靜止的球場瞬間達到沸點。」

龍駒跳踏起天風、畫戟熒煌射秋水；殺氣彌漫牛斗寒，喊聲震動天地翻……

這是古代沙場名將單挑的場景，又何嘗不是打者屏氣凝神、一棒絕殺，讓場內從萬籟俱靜到歡聲雷動的畫面呢？前一刻還居高臨下的強投，如今壓低帽沿頹然無語，看著你繞壘歡慶，這是強打者的職責，也是「台灣神全」林益全最享受棒球的時刻。

體育作家卡培特（Leonard Koppett）曾說：「沒有一項運動技能比棒球中的『打擊』更仰賴天賦」；前耶魯大學體育教授阿戴爾（Robert K.Adair）在他的著作《棒球物理學》（The Physics of Baseball）中列出了世界十大最困難的運動技術項目，其中名列榜首的就是「用球棒擊打棒球」。

假設投手投出一顆時速一百五十二公里的速球，從抬腳到出手花上零點一秒、球從投手指尖竄進本壘板尖端的十八點四公尺僅需時零點四秒，打者要在這段期間判斷球種和進壘點，同時克服對高速向自己襲來物品閃避的本能反應，並在零點一五秒內快速揮擊，棒球的投打對決說是在眨眼間就決定勝負，實在是一點也不為過。

在實戰中要能提升揮棒良率（有效擊球），做到堪比機械般的精準，除了與生俱來的天賦，就只能靠日復一日的練習，焚膏繼晷的苦心孤詣，就只為了擊中球心後的片刻輝煌，每天專注將同樣的事做到最好，苛刻到近乎無趣的匠心精神，這是棒球，也是林益全的人生寫照！

「一為全」，所有乍看下微不足道的過往經歷，都是林益全此人「全貌」的一片拼圖；從認識棒球以來，他的天賦、熱情、他的苦練、進步、他所締造的榮耀與成就，他曾遭遇的誤解與挫敗，他所感受到的溫暖與愛戴，一切經歷的堆疊讓他一次又一次的蛻變，不同的人、事、物帶給他的刺激與感受，在寡言的軀殼內經過歲月沉澱、風乾，化為一片片拼圖，逐漸拼湊出將「心、技、體」修練至巔峰狀態的「全我」輪廓；然而正因林益全天賦和成就罕有人及，所以他曾認定棒球事業就是「一為全」，下意識認為：「我只能靠個人努力，孤獨的走完這條路。」

但事實並非如此。

「形而上者謂之道，形而下者謂之器，化而裁之謂之變；推而行之謂之通，舉而措之天下之民，謂之事業。」

——《易經．繫辭》

形而下是指具體的、可以捉摸到的東西或器物，年輕時的林益全奮力追求成績、獎項與待遇，為了讓自己和家人能過上更好的生活而努力，他也在個人職棒生涯巔峰時達成了這些目標；然而沒有世事是永恆不變的，也幾乎沒有職業運動員能夠一帆風順直到引退，林益全也不例外，當這位偉大選手步入職業生涯後期，他日漸發現要通往成功的路途上他必須試著改變，否則這條路將會愈來愈艱難崎嶇。

在改變的旅程上，益全有幸遇見人生的貴人，也是他的愛侶兼事業夥伴—林家嘉，家嘉堅定不移地陪伴益全攜手並進，因為有她的激勵，才讓滿身榮耀與征塵的林益全能夠卸下自豪的武裝，在職棒生涯後期返璞歸真，開始追尋形而上的「道」，更能體會**「全為一」**的深義。

易理當中教導人類在「化而裁之」中求變，並將求變後有效的結果「推而行之」得到通達，順應自然而變通才能無入而不自得，所以林益全年輕時仰賴天賦大殺四方、憑藉本性待人接物的處事風格，到後來開始嘗試重訓、改變飲食、接觸運動科技輔助，以及學習公眾互動與媒體經營，是「求新求變」延長了他的職業生涯，也正順應了易理中經營事業之道。

額頭上烙印的自尊、肩膀放不下的求勝責任、內心裡解不開的心結，並非全都是沉重的負擔，所有的責任、摩擦與誤解，都是人生過程的課題，在家人陪伴他求新、求變的過程中，林益全**從「一為全」的孤軍奮戰，逐漸接受「全為一」的嶄新概念，**這代表著益全所處的家庭、球隊、訓練師、營養師、經紀人和行銷公司等團隊都在背後幫助他，彼此間已形成教學相長、魚水相幫的堅強後盾，過去獨自苦思不得其解的難題，如今都能透過集思廣益的力量迎刃而解，豁然開朗的他又能帶著笑容踏上球場，造就球迷口中津津樂道的「快樂益全」。

從「一為全」到「全為一」的心路轉換，讓林益全在將屆不惑之年時，仍能以前所未有的專注與熱情，為下次的完美一擊，做好萬全的準備。

ENTS

／ 目 次

CONT

LIN
LIN YI CHUAN
#99

Part 1.

全心投入

ALL

Part 1.

成為職棒選手，站上全國球迷都矚目的舞台上，你問過自己準備好了沒有嗎？

在這殘酷的戰場上，你的一舉一動都會被無數的球迷看在眼中，你的成績好壞教練團也都隨時關注，更別提那些無時無刻準備取代掉你的人。

所以，你真的確定，你準備好面對這一切了嗎？

反差極大的童年人格特質

或許現在的我在球迷心目中留下的形象，會讓大家很難想像，我、林益全，其實童年時期是一個外向、調皮，身兼班上領頭孩子王類型的小孩！

我在高雄的鄉村出生長大，小學低年級就讀高雄文賢國小，一、二年級時我都是班上的班長，生性好動的我常號召班上同學一起出去玩，我熱愛戶外運動，只要能讓我在操場上奔跑、玩球，多久我都樂此不疲。

我記得有一次在放學前的打掃時間，我把全班男同學集合起來，一起翹掉打掃工作跑去踢足壘球，結果一個不小心，我們把足球踢到學校旁邊民房上的排水孔，把人家房簷的排水孔給塞住了。

班導師氣到差點高血壓發作，直接跟我爸告狀，叫我爸來學校「處理」，因為我家距離學校只有兩分鐘路程，我爸很快就趕到學校，除了處理卡在別人房簷上的足球，也順便「處理」我。

我的童年生長在鄉村，爸媽個性純樸、非常保守，我們家的經濟環境算得上小康之家，從小過著無憂無慮的生活，而我的調皮好動也常為我招惹上一些令人啼笑皆非的麻煩。

我讀幼兒園小班的時候就很過動頑皮了，那時我居住的鄉村，上廁所還要使用茅坑（沒有現代化沖水馬桶，所以要挖一個深深的坑讓村民上廁所，水肥車會固定來抽水肥清理的那種）。

有一回我爸在裡面上大號，我衝過去找他，我爸遠遠聽到我奔跑過來的聲音，趕緊大聲告誡我不要跑過來，他話還沒說完，就發現原本還聽到我的聲音，結果「哐啷」一聲以後就無聲無息了！他嚇了一大跳，連屁股都來不及擦就趕緊跑出來救我，原來我踩翻了茅坑上的木板，整個人摔了下去，雖然我自己已經沒有印象，但根據我爸媽的回憶，當時洗澡反覆洗了又洗，我整個人還是臭了三、四天，現在回想起來非常好笑，但當時真的是差點淹死在大便裡。

強烈的好勝心與專注度

我的父母親非常傳統、嚴格，也特別重視我們的品德，尤其父親對我的影響很深，其中最重要的一點就是他讓我認識了棒球。

我念幼兒園時，我就有印象爸爸很喜歡打壘球，他和幾個朋友間組成了野球聯盟，每逢週六、日都會去比賽，我爸當時就會帶著我一起去玩，加上同一期間，中華職棒聯盟剛成立，職棒前三年球迷進場踴躍，熱潮席捲全台灣，在耳濡目染下讓我也默默地愛上棒球運動。

我從小的個性就非常好勝，玩任何遊戲或運動的唯一目的就是要贏！不管是賽跑、打球、下棋、打電動，只要是競賽我就絕不想輸，我爸只要有空，也都會陪著我從事各項運動，他會陪我騎腳踏車、打羽毛球、打籃球，但只要牽扯到比賽，我輸了就會生氣、大哭，並且堅持要再繼續比下去，相當矛盾的是，如果是我贏，但察覺到是大人讓我贏的，我也無法接受。

很小的時候我就因為爸爸的關係接觸棒球，後來當我爸出門工作，媽媽也在忙家務時，因為我姊姊不會陪我打球，所以每天中午吃飽飯以後，我就會整個下午對著家裡的牆壁練習丟球、讓球反彈以後再練習接住，我就這樣跟自己練習傳接球從中午一直到晚上，就只專注做這件事情，不讓旁人打擾，自己也不覺得厭煩，從小到大，當我熱衷於一件事情時，這般專注度在旁人眼裡或許會覺得有點近乎自閉的程度吧？

回憶童年往事，連結到如今身處在職棒比賽的場景，我經歷過應援團模式從人聲吶喊、管弦樂吹奏到後來的電子編曲與歌舞應援，進場觀眾人數也從稀稀落落的數百人到滿場的兩萬人，但對我而言其實都是一樣的。當我踏上打擊區，我的視線就只聚焦在自己和投捕的對抗，其他的感官會自動屏蔽，不會再進到我的感知範圍，我想這和我那份從小在外人眼裡近乎自閉的專注度可能是有正相關的。

我童年時的興趣都是戶外運動，鮮少有安靜下來的時候，因為常常跟著爸爸去野球聯盟打球，我爸爸周遭打壘球的球友們有些人認為我打得還算不賴，就建議我父親，問他有沒有興趣讓我加入少棒球隊，認真的培養看看。

我當時就讀的高雄文賢國小其實是沒有少棒隊的，為此我爸爸當年認真的詢問我的意見：「你是不是真的有興趣打棒球，因為想認真打棒球就要加入校隊練習，那你就一定要轉學進到有少棒隊的學校讀書。」

我很堅定的回答他：「我有興趣！」

學校。

就是這一句話，成為我生命中的第一個轉折點，我父親開始幫我物色轉學打球的目標

要選擇轉學選項，以當時我家的地理位置來看，我有南下往下高雄，或北上往台南兩個方向，後來考量到我家北上往台南通勤會比較近，所以我爸爸帶我去台南參觀了崇學、立仁等國小的少棒隊練球實況，看完練球以後我爸爸問我：「如果你決定要進入校隊，練球就是像他們這樣，會比較辛苦，你確定你真的想要打嗎？」

我再一次堅定的點頭，我是真的很喜歡運動，內心深深覺得像棒球隊這樣的訓練可以讓我一直在運動場上奔馳，能讓我感到快樂，我回答我爸說：「我確定要打！」

就這樣拍板定案，我從小學二年級起，轉學到台南立仁國小加入少棒隊，這就是我棒球生涯的起點。

順帶一提，自從我加入棒球隊以後，討厭輸球的情緒表達得更明顯，我爸爸的電機工

廠開在我家隔壁，那是一間木造的矮房，廠房裡都有鐵鎚和鐵釘，後來只要我碰到球隊輸球時心生悶氣，我就會跑到工廠裡拿我爸爸工作用的鐵槌和釘子去釘牆壁，廠房裡面有一面牆，釘滿了我當年輸球發洩用的鐵釘。

平常在家無聊時，我常常拿著硬球朝家裡的階梯丟，讓球反彈以後練習接滾地球，但附近就置放著爸爸擺酒的展示櫃，我媽當時就警告我：「不要在那裡玩球，如果打破玻璃，等恁爸返來你就知死！」

一樣又是言猶在耳，就聽到「哐啷」的巨響，硬球果然把酒櫃的玻璃給砸得粉碎！出乎意料的是，爸爸回家以後沒有生氣責罰我，只是關心我有沒有受傷，後來不知道是什麼時候，他默默的把展示櫃的玻璃全部都拔光了，當時年紀還小的我不知道哪來的勇氣，理直氣壯的跟爸爸說：「打破的玻璃我會賠！」

但想當然後來我還是沒有賠，這個櫃子現在還在我們高雄老家，從那次事情以後三十幾年至今，酒櫃上還是沒有任何玻璃。我看到的時候都還會想起這件往事，而這也讓我留下深刻印象，父母親重視我們的安全，遠勝於這些物質上的東西。

原生家庭對我的深刻影響

我父親對於已經決定要做的事情的態度是：「既然決定要做，就要堅持到底。」

就以我打棒球這件事情來說，他徵詢過我的意見，我也自己決定要打棒球，那他就全力支持，他跟我說：「好！既然你要打，決定要參加球隊，那就要貫徹到底，不能半途而廢。」

貫徹到底這件事情，我的父母親身體力行，他們不是只有要求我貫徹到底，身為父母，他們成為我棒球路上的第一面後盾，一路陪伴我棒球生涯至今，舉凡我有任何需求和協助，他們從來沒有放棄陪伴的時刻。

如果說我的棒球生涯是一場長程馬拉松戰役，說我父母親伴隨我一路陪跑到底實在是一點都不為過。

從小學打棒球一直到職棒打了十七年以上，從棒球生涯開始，他們就一直幫助我到現在，即便我現在打球打到快四十歲，他們也沒有因為我在職棒功成名就就停止擔心，也沒有因為我低潮、轉隊或上場時間銳減，而對我的職棒生涯關心熱忱有所降低，直到現在他們都持續關注我在棒球上的表現，用他們的方式繼續支持。

從轉學到台南崇學國小以後，我需要每天往返台南上、下學，是我媽媽從我二年級起每天帶我通勤上課，在我放學回家以後，媽媽總是已經準備好餐點，從來沒讓我餓到過，她永遠都是默默為家庭付出，讓我們全家所需不虞匱乏。

我父親在我棒球路上的支持屬於更積極主動的類型，我打棒球受爸爸的影響最深。我從小就很崇拜我爸，他是我的偶像，在童年的我心目中，他就像我的哆啦A夢，只要我需要的器材，好像沒有他做不出來的東西。

像我打棒球以後需要一個「球棒加重環」，因為他自己做機電工廠，身邊又認識很多技術人脈，所以他偕同其他工廠老闆一起自製了球棒加重環給我用，規格尺寸和功能都和市面上販售的一模一樣，但其他隊友的都是花錢買的，只有我自己使用的時候知道：「這是我爸爸親手幫我做的！」所以我格外珍惜、愛護這些器具，也更努力練習，希望可以打出好成績，來報答為了我打球付出這麼多的爸爸。

開始打少棒以後有一個有趣的插曲，我爸爸是不會允許我因為打棒球而荒廢學業的，所以我國小時的成績其實還不錯，加上當時崇學國小少棒隊的劉永松教練要求球員們的學業也很嚴格，他規定只有功課寫完才能參加練球，如果段考時三科總分沒有達到兩百九十分，也不能參與練球，而且還要接受處罰！有一次我段考成績沒達標，就跟其他隊友一起被教練用棍子打屁股，結果反而是我爸爸對此事感到很生氣，我記得他說：「要揍小孩我帶回家自己處理就好，不需要老師來打。」

我打球時提出的種種裝備需求，我父親都能應變自如，比方說我騎腳踏車去學校時沒辦法背沉重的裝備袋，我爸一樣自己DIY動手做，幫我在腳踏車尾端加工弄出一個附設拖車，讓我可以攜行裝備袋邊騎車，這種例子不勝枚舉，總之在我心目中，沒有他百寶袋裡變不出來的東西。

我在少棒期間其實身高非常矮小，這對於運動選手來說算先天劣勢，加上他們夫妻兩人的身高其實也都不高，為了讓我在發育期能夠快速成長，父母親也是煞費苦心；從四年級起為了讓我「登骨」長高，他們研究出中藥材的「龜鹿二仙膠」可以幫助發育，還能補充骨頭間的膠質，運動比較不容易受傷，所以從中年級起，我跟我姊就開始吃龜鹿二仙膠，後來我爸媽還特地去研究龜鹿二仙膠的配方和製程，自己動手做！

印象中，龜鹿二仙膠需要慢火熬煮，不但耗時，還要持續盯緊製程才能做到好品質，是很費精神的藥材，但我爸媽為了子女能夠長高下足苦心，結果還真的很有效，我的父親只有一百六十五公分，但我後來順利長到一百八十公分以上。

棒球路走到國一階段，我曾經有過一次大腿拉傷的經歷，當時國內的醫療體系還沒有細分到運動傷害防護，相關知識也還不夠普及，我父母帶我去大醫院檢查還不知道要看哪一科才好，後來我們選擇看骨科，結果骨科醫生也不知道要怎麼處理我的傷勢，這讓我們慌了手腳，別說不知道大腿拉傷「怎麼處理」，就連我當時的傷勢是大腿拉傷我們都不知道，我只知道當時我連走路都痛得不得了，我心裡想：「慘了，我好像不能打棒球了。」

國一時因傷被迫停止球隊練習，並且開始跟我爸討論後續規劃，認真思考起如果不打棒球，我似乎得要趕快去參與英文、數理等科目的補習，把之前落後的學業成績補回來，至少也得考上高中或高職才能另謀出路。

順帶提一下，我爸爸其實跟我老婆的星座一樣，他們的個性和行動力非常類似，我爸在我停止練球、休養腳傷的同時，他以此事件為啟發點，主動去學習了運動傷害防護的相關知識。

我父親當年去請教很多業界人士，自己也開始研習中醫，學刮痧、拔罐、考取中醫執照等等，加上後來爸爸有一位球友剛好認識當年統一獅隊的防護員葉恩先生，於是就帶我去給他看，後來他建議我去照MRI（核磁共振），確定是拉傷以後，先做消炎、然後按摩紓緩，把瘀血、沾黏推散，後來拉傷的狀況就逐漸好轉了。事後回想起來，是我爸爸的積極求知幫助我把拉傷治好，讓我又能從事熱愛的棒球運動的。

我最親愛的父親。

別管外人言語，堅定內心的信念吧！

小時候打棒球，也曾經碰到週遭一些不是很熟的長輩隨口說出一些言語干擾我打球的心情，甚至在潛意識中影響我後續的發展心態。

像我打少棒到國小六年級時，曾經聽過某位親戚說：「每天打球、打球，啊你打球是可以當飯吃嗎？」棒球雖然在台灣很盛行，但親戚這一句話真的曾經刺進我幼小的心靈，讓我在潛意識裡產生過憂慮，內心也不免動搖懷疑：「對啊，打棒球真的可以當飯吃嗎？」

也就是剛好在聽過親戚這一句話以後，升上國一時我就碰到前述的大腿拉傷事件，當時我的世界天旋地轉，對我們這一對從我打球起就以前進職棒為目標的父子來說，國一下學期受了腿傷卻完全不知道怎麼回事，只知道自己走路都有疑慮，更別說打球了，這對於一個棒球少年來說就好比世界末日一樣。我爸當時只是淡淡地說：「如果不能打棒球，那至少去念到高中畢業吧，畢業以後如果不想繼續讀書，要找工作也可以，到時再看看有什麼發展。」

外人無心的言語、加上突如其來的傷勢，真的曾經嚴重影響我的心境，就好像原本平靜的湖面被投入了一顆石頭，激起層層漣漪，乍看下無關緊要，但水面下暗潮洶湧，醞釀出後續的連鎖反應。

我的個性上確實有這個缺點，年輕的時候，我很容易受到旁人的言語影響、別人的良言一句可以讓我如登仙境，隨口一句酸言酸語，也足以讓我墜入地獄。

我直到打進職棒後才認識到這是一個必須導正的缺點，尤其在打職棒第二年的時候，我也有被旁人話語嚴重影響的經驗。

我在中華職棒的新人年球季結束時，包辦了聯盟各項大獎，新人年說是春風得意一點都不為過，但旁人常跟我說，新人打再好，到第二年都會有所謂的「撞牆期」、「二年級生症候群」。我本來不以為意，但第二個賽季我成為各隊嚴防的重點對象以後，慢慢我周遭的雜音愈來愈多，上場比賽前，有時會碰到對手的投捕搭檔用言語對我做心戰攻擊：「欸！你差不多就可以了喔，再繼續這樣一場兩支、三支安打這樣打，小心你的膝蓋、當心你的手骨喔！」

當年那些老球皮對手們的言語，雖然是帶著笑容在說的，但其實骨子裡就是赤裸裸的威脅，言下之意是如果我再打這麼好，下次的近身球可能就會朝著我身體某個部位飛過來了。

當年我打職棒才第二年，也是自己道行太淺，聽到這些言語當下心情還真的有點被動搖，每當碰到內角近身球，我直覺的看看對手的表情，心裡不自禁的浮現「是不是真的因為我打得太過頭，所以他們要給我點教訓？」的念頭。

我當時還太嫩，沒有意會到這就是對手的心理戰，結果在打擊區產生太多不必要的憂慮和雜念，讓我的思慮不能專純，才會在職棒第二年和第三年的時候都綁手綁腳，雖然帳面成績還是很好，但其實我本來可以表現得更優秀。

本來我的天性就是好勝心極強之人，所以打棒球對我來說是很有趣的，因為投手想要在氣勢上壓過打者、捕手想要用配球策略把打者牽著鼻子走，但我站上打擊區時的氣場也不弱於人，我會設法拉回主導權，讓氣勢凌駕在投手之上，而且我的專注程度讓我能夠排除場邊的雜音，享受與投捕鬥智、鬥力的快感。

但我剛進聯盟的那幾年，恰逢中華職棒連年爆發放水案，黑道脅迫球員打假球的新聞也常常傳到我父母親的耳中，家風純樸、個性內斂的父母，都勸我打球時盡量小心，除了要潔身自好之外，也希望我打球盡量低調點，不要過度張揚，不要把爭強好勝的一面太輕易展露出來，以免與人結怨、招惹到不必要的麻煩。

父母的告誡，反而讓我陷入「鬥爭本性」與「家人勸告」的內心拉鋸，其實低調可以在場外，高昂的鬥志則能發揮在球場上，但我年輕時難以釐清界線，把場內外的風格混為一談，再加上前面提過，老球皮對手們對我展開的心戰攻勢加近身球伺候，確實讓我在興農牛時期的第二、三個賽季打得不太順手。

這個狀況直到我在興農牛隊的最後一年，我遇上了一位貴人，她的名字叫林家嘉，是我當時的女友，後來成為我的老婆、我兩個孩子的媽媽；在認識她之後，我的心態開始發生轉變，至於我跟她認識的詳細過程，建議讀者可以參照她的新書《不做星光，也能成為一家人的太陽》，一定會得到更多收穫。

總而言之，當時我邂逅了家嘉，並且開始交往，因為交到漂亮女友，那股爭強好勝求表現的心態忽然間默默從我內心復甦，加上家嘉跟我從交往以來就一直很樂於聽我聊球場上發生的事情，聽完這件事以後她告訴我：「這是比賽時的垃圾話而已，就是對手用的心理戰，他們都還沒真正對你怎麼樣，你幹嘛自己先想東想西、自亂陣腳。」

我恍然大悟，在跟她聊棒球以後，我慢慢發現之前自己胡思亂想結果自我影響的地方很多，雖然習慣的改變不是一朝一夕能辦到，但在我察覺問題癥結點以後，就開始導正自己容易受旁人言語影響的缺點，「一句話能讓我上天堂也能讓我下地獄」的陰影逐漸從我心裡散去，我在職棒的表現也再度回歸穩定、逐漸邁向高峰。

棒球是聰明人的運動：動手前，先動腦

因為生長環境的地緣關係還有父親人脈的影響，小時候我就是統一獅隊的球迷，我當時關注的球員有羅敏卿、陳政賢、謝長亨、王漢（Jose Nunez）等獅隊名將，況且前獅隊防護員葉恩先生曾經對治療我的大腿拉傷有過恩情，加上我曾多次在台南球場當球僮的經歷，我對棒球的感情就是從那時期開始愈來愈深厚的。

棒球這項運動最吸引我的特質是，這並不是一個純用蠻力的運動，我認為棒球場上各環節的變化很多，而且突發狀況細微繁雜，所以打棒球的人腦袋要很靈活。投打者對決時在鬥智、捕手的配球在鬥智、對手的守備布陣和教練的戰術運用都是在鬥智，加上台灣戶外球場容易受天候、風向、場地等不同因素的影響，讓棒球場上的一切瞬息萬變。

所以必須反覆強調，棒球員的腦袋一定要很靈活，這不是只靠運動能力好就能打的好的運動。我在學生棒球時期，真的看過一些腦袋不太靈光的選手，教練指導很久的暗號，反覆提點再提點，但踏上球場以後，看不懂的人還是看不懂。

棒球的變數環環相扣，遠比其他運動更多，打棒球的時候要一直動腦思考，這過程其實很有趣，尤其是擔任打者時，你會面臨不同的投、捕手組合，他們有多樣的配球可以拿來對付你，如果不動腦，純用猜測去打對手對付你的配球，能夠矇到的機率是很低的。

這是真實的！我打了三十幾年的棒球，靠猜球矇上打很好的機率依然微乎其微，所以好的棒球選手一定要勤做功課，除了腦袋靈活思考之外，在場邊要時刻觀察，比賽結束後要反省檢討，在閒暇之餘還要懂得補充新知，因為在還沒上場以前，作戰就已經開始了！

近年來職棒科技日漸發達，加上投打縮時政策的影響，投捕手配球暗號甚至可以用按的，打者上場只有更少的時間思考對方的配球模式，如果沒有在上場前就做好準備，就只有被對手牽著鼻子走的份。

越級打怪的三級棒球歲月

我跟我兒子喬治不太一樣，他的運動愛好甚多，足球、籃球、棒球，他可以隨著當前球季的變化從事不同的運動，而我是從小就對棒球一見鍾情、從一而終。

但在學生棒球時期，我在球場上的守備位置也是多元嘗試，我當過內野手、外野手，也擔任過投手，三級棒球在選手適性還沒完全確立以前，守備位置也不會完全固定，我嘗試練過很多守位，我也滿喜歡守外野的，當年我家中有撞球檯，我偶爾會藉由打撞球消遣來研究撞球的顆星反彈，因為那跟外野手計算飛球打到全壘打牆反彈後的物理現象有些關聯。

除了捕手以外，棒球場上的所有守備位置我都打過，昔日我在崇學國小少棒隊的啟蒙教練劉永松先生曾觀察我的特質後評價說：「你的應變能力好、可以控場」，本來他有讓我轉練捕手的計畫，但因為崇學少棒隊那屆的人數不足，我只好轉學到公園國小打球，才沒有落實劉永松教練讓我轉練捕手的計畫。

喔，對了，在三年級轉學前，當時崇學國小裡我的隊友有後來在義大犀牛和統一獅的隊友胡金龍，學長則有後來在興農牛也成為隊友的許國隆。（順帶一提，國隆學長在國小時期身材就已經非常魁梧了……）

劉永松教練對我另一個影響較為深遠的建議是：讓我改練左打。

其實我本來就是天生的左撇子，但因為爸媽觀念比較傳統，覺得慣用手就應該要用右手才不會「跟別人不一樣」，所以在我很小的時候他們就強迫我改用右手吃飯、寫字，我最開始打棒球的時候採取的也是右投右打。

但可能是因為天生慣用手本來就是左手的緣故，當我進到少棒隊，劉永松教練看過我的揮棒後告訴我：「你用左打時揮棒的力量比較大，以後你就直接改練左打吧！」

於是本來「天生」就是左撇子的我，繞了一大圈，從左撇子變右投右打，又從右投右打改回右投左打，直到現在我寫字、吃飯、丟球我還是都用右手，就只有打擊的時候採用左打。

從「玩棒球」到真正開始「打棒球」以後，這項運動令我最快樂的地方在於，我可以在一般小朋友們上課的時候出去外地比賽，這讓我既興奮又期待；而最痛苦的也是球員跟一般學生的作息不同，當別的學生快樂的放寒、暑假時，我們卻要集訓、練球，而這樣的狀況，也確實讓本來功課還能跟得上同儕的少棒選手跟書本與課堂漸行漸遠，我到如今還是不知道這算不算是好的培養模式，我認為棒球員不能不讀書，但如果想要跟上學業，我們又無法配合上台灣三級棒球的訓練和比賽時間，這件事情到如今仍然是台灣學生棒球的難題。

自從依教練建議改練左打以後，我的打擊天份與技術確實超越同儕，在我印象所及，直到國中畢業以前我都在「越級打怪」，我在國小二年級的時候就已經打過全國賽，小學三、四年級時就代表校隊出征，無論區域性比賽也好，全國性盃賽也罷，我都能嶄露頭角，還拿下謝國城盃的最佳球員獎。到高年級就讀公園國小時，當時的汪俊成教練曾經評價過我是一個「攻擊優於守備的選手」，他認為我的打擊天賦已經逐漸綻放。

我跟父親學習打棒球時，我的夢想就已經是打職棒了，之所以會這麼早就懷抱這麼大的夢想，有一半是因為我爸灌輸的觀念，他覺得要做就要貫徹到底，打到最好，另一半是發自我的內心，我想為了家人而努力，他們就只是因為「我想打棒球」的這一句話，就付出了許多時間和心力，我最初希望能在棒球上爭取好成績，就是為了能回饋父母親對我的付出。

少棒時因為在謝國城盃拿到最佳球員獎，所以我被選中到日本參加王貞治國際夏令營，在那一次的日本行中，我有幸親眼看到鈴木一朗、漢克．阿倫（Hank Aaron）以及王貞治這三位當代棒球傳奇人物，我當時還不知道一朗選手是誰，但知道王貞治和漢克．阿倫是世界知名的全壘打王，年紀還小的我當然無法完全理解他們的偉大程度，但仍然為他們散發出來的巨星魅力所震撼，內心不自覺萌生出「大丈夫當如是」的念頭，我心裡想著：「有一天我也要去日本打球！」但當時的我也不知道去日本打球有什麼好處，這就只是童年時期一個單純的嚮往罷了。

往往就是一顆球的差距，會決定你的一生！

我常常回想到南英商工恩師陳獻榮教練的這句話：「往往就是一顆球的差距，可能會決定你的一生！」

我的越級打怪之路，在國小、國中教練的安排下，讓我一直都相信自己是有實力不斷向上突破的，很多人以為我在三級棒球時代是一路宰制同期選手、一帆風順的進入中華職棒，但其實不然；很多人不知道的是，在青棒時期就讀南英商工的我，大部分時間都是身處在這支傳統強權的B段班（二軍）。

那個年代的南英商工、高苑工商都是傳統強隊，就跟現在的平鎮高中差不多，你認為自己是越級打怪進到這間名校的天才嗎？但所有跟你一起進入這間學校的選手，在青少棒時期也都是各霸一方的天才或怪物，當進入青棒這個菁英層級以後，忽然要跟百餘位同樣在過去六、七年間都在越級打怪的選手們一起競爭一軍的席位時，我才知道人外有人、天外有天！

南英
10

南英商工是棒球頗負盛名的傳統名校，郭泓志是大我四屆的學長，而我高一時跟我同屆的有「小胖」林泓育，高三的學長有胡金龍，還有國際賽一舉成名的台灣猛男「李振男」，可謂名將如雲，能在球隊A段班（一軍）者，往往也都是國際賽入選中華隊的常客。

身為一個B段班的菜鳥選手，很多時間我是負責幫忙刷壘包、割草、擦球和整理場地等雜務。但我沒有就此喪志，當進入高中發現自己實力不如人以後，在棒球路上一路陪跑的爸媽也加入了我的加強訓練行列。

除了每天球隊的例行練習，回到家以後，我父親每天都幫我額外訓練，用跑步、跳繩、青蛙跳來加強體能；在打擊技術面，我爸替我架設自製的打網、T座等設備，手把手的幫我拋球練打，等於從器材製作到陪打訓練，我父親一手包辦，而我媽媽則在我們夜間特訓後準備好宵夜，陪伴我們一起做訓練後的檢討。我的每場比賽，爸爸幾乎都會來看，賽後再以旁觀者的立場，提醒我哪裡可以做的更好。

這樣的魔鬼特訓模式，從我上高中以後，三年來無論寒暑、一週五至七日從不間斷，我在體能和球技的進步，終於讓我迎來翻轉命運的比賽。

高二那年是我最後一次有機會可以打高中選拔賽的機會，當時陳献榮教練問：「還有誰沒有報考大學的資格？」（要在高中比賽中打進到八強，有登錄在球隊名單內的球員，就有以此推薦入大學的資格），當時還不具報考資格的有我和朱偉銘等選手，於是陳献榮教練就讓我們這批選手組隊去打這次的選拔賽，結果我在選拔賽打出好表現，讓我得以持續參戰二〇〇三年底的高中棒球聯賽。

那年高中棒球聯賽，我們南英一路過關斬將殺入冠軍戰，對手是台東體中，比賽延長到第十局以後，我接替原先的先發投手鄭凱文登板投球，我後援兩局讓對手六上六下，在十一局下半，我從對手的手中敲出再見安打，幫助球隊拿下那屆高中聯賽的冠軍，我也成為冠軍戰的勝利投手。

在那次高中棒球聯賽奪冠以後，隔年初我乘勝追擊，在全國青棒菁英賽中對戰秀峰高中青棒隊，九局上我從對手陳朝麒手中敲出全壘打，也締造了棒球生涯個人的初次里程碑，因為這支全壘打是台灣青棒賽事首次改打木棒以後所出現的第一發全壘打！

那場比賽我再度以後援身分登板投球，我用四點二局無失分的好表現，又一次包辦了勝投與勝利打點；在轉打木棒的全國菁英杯、同時也是高中青棒史上第一個木棒聯賽中我就拿到全壘打獎！接連兩次的好表現，讓三級棒球時期幾乎跟國手名單絕緣的我，首次在二〇〇五年披上中華隊藍白戰袍，代表台灣出征亞錦賽，而狀況絕佳的我，還拿下那屆亞錦賽的全壘打王！

初次穿上中華隊戰袍，讓

我在家鄉成為光宗耀祖的代名詞，我爸媽在老家收到鄉親送的祝賀花籃，二老還開心的辦桌請客；值得一提的是，那次我跟隨中華隊出征拿到亞錦賽第二名，我拿到賽會全壘打王時，就有日本社會人球隊跟我接觸，本田（Honda）就曾經問我：「想不想來打日本社會人球隊？」但當時我還年輕，國內的運動經紀產業也還沒有發展起來，我完全不知道想要旅外要找誰幫我做對接窗口，所以與這次的旅日機會緣慳一面。

命運真的非常奇妙，就是那一次為了取得報考大學推甄資格的選拔賽，就此徹底翻轉了我的棒球人生，我成為業餘成棒炙手可熱的球員；原本在青棒界沒沒無聞的我，忽然成為國內大學棒球五大名校（輔仁、北體、台體、國體、文化）爭相延攬的重點對象。

我後來沒有選擇去念大學，雖然五大名校誘因很大，但其實在我高中二年級時，台電棒球隊的陳哲祥總教練在我還無人問津時就已經看中我，希望能延攬我去台電打球，當時我把這件事跟我爸爸說了以後，他只是冷冷地回道：「你才高二，先不要去想求職的事情，專心把高中讀畢業再說。」

在高三畢業前我打出名號，各大學開始爭相延攬，當時爸爸的工廠經營已經漸漸進入到夕陽階段，我認為家中的經濟責任我應當開始承擔，所以我跟父親討論，我說：「我想去台電打球，有錢可以賺、又是鐵飯碗，應該是個不錯的選擇。」

高三時，台電陳哲祥教練又一次登門表達招攬之意，我感念他在我還沒被人注意到時就如此看重我的知遇之恩，所以選擇放棄就讀大學，去台電隊打球；另一方面，我在心裡其實也是想早點驗證給那些曾經閒言閒語的親戚們看看：「你們看吧！我打棒球是真的可以當飯吃的！」

在進台電前談妥的條件是，從原先的約聘人員，到打完一個盃賽以後就轉當正職員工，然後從月薪兩萬五的底薪開始累積年資，每年考績甲等就可以保障逐年加薪，後來我在台電打了三年多，將薪資逐年累積加到四萬元，在台電的時間，也差不多等於是在大學打到快畢業的年齡。

因為我沒有念大學，所以在加盟台電之初，我還不太明瞭大學棒球的實力水準如何？當我以台電選手身分打業餘成棒盃賽與大學球隊對戰的時候，我才發現大學名校球隊的實力也很強勁，這讓我重新思考前進職棒的方向設定，於是在台電打球的階段，我給自己設定了一個新目標：

「在去當兵以前，我一定要打遍台灣業餘成棒無敵手，才會再重新思考加入中華職棒這個目標。」

從理想面和現實面，思考未知的職棒路

從小打棒球起我就萌生打職棒的憧憬，我在國、高中時期有在台南市立棒球場當球僮的經驗，當年我在一旁整理場地時，看著當時的職棒選手從身旁經過，他們甚至還沒有穿上球衣，純粹只是身著便服踏入球場，他們的交通工具、穿著打扮，不只是讓旁觀者覺得他們賺很多錢，在我們這些棒球少年的眼中，像是一種看到周杰倫、蔡依林這樣的大明星一般，職棒選手散發給我們的就是這種偶像氣質。

在幫他們拿球具的時候，也會看到職業選手是如何投資自己，當年他們就可以使用一

支七、八千塊甚至破萬的知名品牌木棒，讓我們這些球僮們內心都讚嘆不已：

「哇塞！一次揮棒沒打好可能就會斷掉的消耗品，他們居然可以為了求表現花到這麼多錢喔!?」

那是我初次認識到：「原來這就是職業球員投資自己願意花的成本。」

我內心「大丈夫當如是」的念頭再度湧現！要當職業球員，就是要為自己的事業做到這種程度，這鮮明的記憶，讓我想要打職棒的慾望更加強烈。

當然還有更現實的考量，隨著父親年紀漸長，他逐漸屆入退休年齡，而我已經成年了，我希望能夠多賺一點錢，讓父親不要這麼辛苦，換我來扛起這個一直支持我打棒球的家庭。

二〇〇六年加入台電棒球隊，首年我就在春季聯賽拿下打擊獎、打點數也排名第二，隔年則拿下全壘打獎和打點獎，在業餘聯賽穩定締造好成績的同時，我已經在為了前進中華職棒做準備。

台電
8
台電

隨著比賽層級漸高，我不斷透過實戰評估自己的實力是否能與職棒接軌，我也花了心思研究，若選擇打職棒和留在業餘的薪資待遇差距。

效力台電時我概略的計算過，如果我在台電做到六十歲退休，以月薪最多六萬元計算，加上退休金的五百萬，在我退休的時候，大概可以積攢三千萬左右的總收入，生活算是穩定，但收入來源和薪資規模就僅止於此；但若是我選擇打職業棒球，我的簽約金就有五百萬，而當時興農牛隊最高薪資的指標球員是張泰山學長的月薪三十萬，我如果能夠拚出好成績，就有機會只用四分之一的歲月，賺到在台電工作四十年的收入，雖然當時的職棒環境不太穩定，但它高風險、高報酬的魅力，確實對我比較充滿誘因。

當年在我表達投身職棒意願的時候，正好是簽賭案一年一爆、中華職棒風雨飄緲的年代，就連從小支持我打職棒的父親，都因為對中職的將來憂心忡忡而希望我能打退堂鼓，他甚至曾因為我對職棒的執拗，氣到要拿鐵鎚打我，但我不死心，仍三番四次的提出想打職棒的請願。

我其實也清楚，父親每回憤怒的駁斥我以後，他自己一直默默在做心理建設，他私下持續接洽他所認識的人脈，收集各方棒球從業人士的意見，臨近我跟職棒球隊簽約前，他只是平靜的問我：「你真的這麼想打職棒，那就給我一個明確的理由。」

我給他的回答是：「因為我想開雙B品牌的車」，他這個人也很簡單，只要知道我做這件事情是有明確的目的，而不是盲目的「拿香對拜」，那他就能轉而支持我的決定。

我在二〇〇七年的替代役選秀會上，被興農牛隊以狀元籤選中，而後我就展開為期一年的替代役球員隨職棒代訓的歲月；當時興農牛的總教練就是徐生明老師，因為透過代訓的就近觀察，劉志昇領隊和徐總都認定我就是中華職棒的即戰力，希望能夠盡快延攬我加入球隊。

我在二〇〇九年二月退伍，按照規定在退伍前一個月興農牛才能正式跟我接觸談簽約事宜，但在二〇〇八年底米迪亞暴龍隊的高層操縱球隊打假球的新聞爆發，對於當時的中華職棒又一次造成重創。

這也是為什麼當時記者訪問我，問我退伍後是否會選擇與興農牛隊簽約的時候，我會說出那句：「在這裡，我看不見未來……」這句後來被球迷廣為流傳的「名言」。

當時的時空背景是假球案再度爆發，而且嚴重性更甚以往，我所謂的「在這裡」，並不是指加入興農牛看不見未來，而是表達我與家人對於當時中華職棒環境的憂慮。

現在在書裡我可以坦白說，雖然還沒跟興農牛簽約時就碰到米迪亞暴龍案爆發，但我的內心還是非常渴望打職棒，但因為當時我父親對中職環境太過憂慮，強烈反對我簽約，所以對外關於打職棒這件事，我雖然身體很老實，但嘴巴上只能說不要。

當年徐生明總教練和劉志昇領隊兩人初次到我家拜訪時，我父親的態度十分堅決，他對兩位前輩的回應就是：「他不打，你們不需要開價（簽約金）！」我爸爸那時候就是要我重回台電打球，打消進職棒的念頭。

徐總和劉領隊並不死心，他們二次登門拜訪時，希望我們能夠先聽聽簽約金條件，當時興農牛提出的價碼是簽約金兩百五十萬，但同樣被我父親拒絕，但其實在他們二次造訪前，我父親與我其實就已經達成共識，他不再反對我打職棒，只是簽約金的條件必須要再提升，我爸爸跟他們說：「我們不要求能跟阿甘（蔡仲南）的簽約金相比，但因為台電承諾給益全的退休金就已經有五百萬了，希望興農牛開的簽約金至少能高過這個價碼。」

我父親反過來開出五百五十萬的簽約金條件，讓興農牛高層回去考慮看看，但其實有小部分也是開來給對方殺價用的，到他們第三次登門拜訪時，我們就以五百萬簽約金和月薪十一萬的條件達成共識，也正式確定我以代訓選秀狀元的身分加盟興農牛隊，展開中華職棒生涯。

在確定能打職棒以後，我的內心既興奮又緊張，雖然職棒的前景在當時看來渾沌不明，但我心裡知道，打從我幼兒園起跟隨我爸爸學打棒球開始，我們共同的願望終於實現了，父親心中應該也有喜悅。

在加盟職棒前夕，我開始回顧我在棒球路上遭受到的挫折，從國中拉傷但不知如何治療的徬徨、高中擠身名校但身為B段班的力爭上游；我更回想到當年在跟屏東高中比賽時，我被屏中一位名叫王溢正的強投K到摸不著球皮，心中滿懷挫折的我打電話給爸爸想尋求一點慰藉，結果我爸聽完以後掛了我的電話，他心中的想法是：「你想打棒球，就應該堅強點，打不好的時候，是應該去找出打不好的原因，而不是只想找父母討拍拍、吐苦水。」

那段經歷對我而言很孤獨，也是讓我現在更能以同理心，從旁觀察並協助年輕人的原因，其實棒球員真的承受著不得不進步的壓力，而且大多都面臨著有苦無處傾訴的困境。

我的父親外在表現非常嚴格，他希望我碰到挫折時要會找出原因和方法，而不是只會訴苦，但另一方面，他其實一直在默默支持我實現理想，他們陪伴我度過腳傷、跨越球技落後同儕、苦練求進步的路障，並在我進入台電打業餘成棒已然一帆風順之際，強行壓抑內心的憂慮，支持我轉換跑道打中華職棒的決定。

說真的，當年他身邊很多球友們都不看好我打職棒，冷嘲熱諷他肯定自己吸收了不少，但他還是多方幫我探聽職棒消息，甚至私下打電話去詢問南英商工的陳獻榮教練，跟他討論興農牛隊的簽約金條件是否合理，諮詢他應不應該簽約等等，他的父愛不在言語，而是付諸行動。

嚴師領進門，從自信到確信的瞬間

在我服兵役時，因為代訓制度，我很早就得以隨著職棒球隊練習，當時執教興農牛隊的徐生明總教練對我青眼有加，其他大頭兵都是跟著代訓教練做練習，只有我一個人被徐總另外帶開，他安排我跟著興農牛隊一軍成員們做體能訓練和打擊練習。

徐總視我為退伍後能立即對球隊產生影響力的職棒即戰力，所以早在代訓這一年他就已經在提前布局，把我抽離代訓系統，讓我能提前適應「真正的」職棒練習強度和作息。

從代訓結束，到隔年（二〇〇九）正式簽約加盟興農牛隊的春訓起，我終於開始與中華職棒的一軍投手進行實戰投打對決，但是在季前熱身賽初期，我一直掌握不好自己的擊球節奏，每天都持續不斷在調整步調。

直到二〇〇九年官辦熱身賽，我記憶猶新，那是在三月二十日對戰 La new 熊隊（現樂天桃猿隊前身）的比賽，那天我單場敲出三支安打，包含兩發全壘打，一發是打先發投手吳偲佑、另外一發是打對方的後援大將耿伯軒；在業餘時代，雖然我對自己打職棒的實力已經很有信心，但如果你問我：「在哪一個時間點是我加入職棒後對自己的實力從自信變成了確信？」我的答案，就是這一場官辦熱身賽，對戰時被我敲出全壘打的一軍投手，一位是旅日回歸、一位是旅美歸國，我心想：「好！他們的球對我不成問題！」

就是從那一刻起我心裡明白：「我可以，我的實力能夠讓我在這裡立足！」

我一直對徐生明總教練充滿感激和懷念，尤其在寫這本書的時候，常常會回想到他領我入門、對我嚴格教育，卻仍不吝於傳達對我帶有深切期許的往事。

自從熱身賽對打職棒開始有信心後，到球季正式開打，我的表現就一帆風順，我在職棒一軍的開幕首秀，剛好又是對到 La new 熊隊的本土王牌吳偲佑，我在生涯首打席選到保送，並且在四局上半從他手上敲出職棒生涯的第一支安打！

在我的職棒處女秀，我繳出單場三安打猛打賞的好成績，從開幕戰起，我連續十場比賽敲出安打，甚至有好幾場都是單場雙安打以上的表現！我的手感一路火熱，直到四月底結束，我的打擊率飆升到接近四成，也站穩了球隊的先發地位。

你是只想要現在好？還是想要好很久？

我並沒有因為開季的狀況絕佳，就天真的認為打職棒很簡單，因為我的嚴師徐生明總教練總是在找機會教育我，讓我知道打職業棒球並非這麼容易。

在經過狀況絕佳的開季前兩個月以後，二〇〇九年的五月一日，我們在宜蘭羅東球場對戰 La new 熊隊，我記得那天水氣很重，天色也霧濛濛的，羅東球場因為本身是一座運動公園，相比其他職棒球場的規格較為簡陋，場地的燈光也不夠明亮，比賽前段，熊隊的主砲陳金鋒選手打了一顆內野投手丘附近的超級高飛球，當時擔任一壘手的我跑到定位後卻沒能順利接殺，連手套都沒碰到球，隨後在下個半局輪到我們進攻，我剛好是首位打者，「刷刷刷」連三球我領了一個三球三振下場，回到休息區，徐總教練整個大爆發，我馬上就被他換下場，他叫我去換裝，然後到他身旁立正站好，我就從那一局起站在他身邊，直到九局比賽結束。

我站在徐總身旁時，他用台語對我說：「九號仔（我的背號是九號），你Pro（職棒）是只想要打一年嗎？」

我知道他對剛才的防守處理很不滿意，但我並不是故意不想把球接到，當時對於他的怒氣我很錯愕，他從第二局起，每局都嚴厲的灌輸我上場以後應有的職業觀念，我印象最深刻的是他對我說：「不管什麼狀況，球迷買票進場就是要看職業等級的表現，不管你有什麼理由，你的表現就是不能對不起球迷，即便今天只有一個人買票進場，你也不能對不起他。」

我就這樣從第二局起站在他身旁被他念到比賽結束，就連打擊完走進休息區的學長們，經過我們兩人的身邊看到他還在罵，心裡都覺得：「這有這麼嚴重嗎？」

好不容易，終於熬到比賽結束了，結果比賽結束當下徐總對我說：「你晚上回到飯店以後再到房間來找我。」

我心裡惴慄不安，我心想：「哇！都已經罵一整場了，晚上還要再續攤喔？」

晚上我到飯店房間去找他時，發現他買了宵夜和飲料跟我一起吃，然後用與他在督軍時的嚴厲截然不同的語調懇切的說：「你知道我今天在球場跟你說這些的用意是什麼嗎？」

他接著說：「我希望我今天告訴你的這些事情，能夠讓你牢牢記住職業運動員要有的態度是什麼，你要謹記在心，然後把這個態度傳承下去，我希望你要像泰山、像恰恰、像金鋒，我希望你有一天能夠做到他們這樣的水準，然後再把這些傳承給以後的學弟，你這樣的球員要追求的不是只有『現在好』，你要『一直好』，而且『好很久』，好到最後，讓以後的人提到林益全這個名字的時候都覺得『你很好』，那你當職業球員才算是成功了。」

他這番話強烈的震撼了我，在那一刻我才知道徐總對我的期許有多高，他在球場是一

徐總是我一生中最尊敬的貴人。

位嚴師，在場外像是一位慈祥的父親，我的好表現他看在眼裡，但他又擔心我過得太平順會忘乎所以，所以希望透過機會教育讓我體會到職業運動要走的長遠並非這麼容易，也因為昔年徐總這一番話，讓我知道我應該把眼光放得更遠，對自己的要求也愈來愈高。

職棒超級新人兼脫離現實的社會新鮮人

我在中華職棒新人年球季結束以後，拿下新人王、打點王、最佳十人、金手套獎和年度最有價值球員，這個戰果對於一個年初才剛退伍、幾個月前還在業餘與職棒間抉擇的年輕人而言實在太過夢幻，我真的要感謝我爸媽時時刻刻的耳提面命，讓我沒有因為少年得志就飄飄然、大頭症；在新人賽季結束以後，我帶著一張漂亮的成績單回家，父母只是提醒我「麥穗愈飽滿，頭愈低」的道理，他們說：「你不能驕傲，要更謙虛，以後做人反而要更低調，把自己該做的事情做的更好。」

經過徐總和我父母的提醒，在菜鳥年的好成績以後，我心裡想更多的是：「職棒不是

打點王 林益全
年度最佳新人獎
年度最有價值球員獎
金手套獎
轉動20 WITH US

那麼簡單，我已經選擇把興趣變成了工作，自己要有覺悟，設法排解業餘轉職業以後，比賽場次會比以前多更多的倦怠感，讓自己一直想辦法突破。」

除了徐總列舉的那些偉大球員，我也看過同隊的前輩像「東哥」黃忠義、葉君璋，這些能在聯盟打滾多年屹立不搖、又有穩定成績的好選手，他們都有自己的生存之道，像東哥他確實跟別人與眾不同，即使後來他已經在當教練，平常約好九點鐘的團隊練習，他七點的時候就已經在興農山莊跑步了。

有一次團隊練習我比較早到，又看到他在跑步，我就問他：「教練，你怎麼都這麼早到？」他說他從選手時期起，就習慣比表定練習時間再提早兩個小時到場先暖身、活化身體，在那個運動傷害防護知識還沒有非常普及的年代，他就已經習慣提前透過慢跑或拉筋的方式來伸展身體，當年的興農牛隊陣中，會這樣做的除了黃忠義跟葉君璋，就沒有其他人了。

如果約九點練習，大多數的選手都是準時或練習前半小時到，我觀察到前輩們為什麼會成功，是因為他們自律，而且能夠持續堅持。後來我也學習他們提前到球場，提早做練習前的身體活化，自我這個世代以後加入中職的年輕選手們，也因為受到這種風氣影響從善如流，時至今日的練球日，絕大多數的球員都會提前到場做暖身了。

我在職棒新人年的好成績，在家鄉裡跌破一大票人的眼鏡，當年我說要打職棒，無論是看衰職棒大環境、還是不看好我會有好表現的人其實都不在少數，我爸爸周遭不少球友和親戚其實不認為我打職棒能有什麼出息；但當我打出好成績以後，很多沾光的人就忽然冒出來了，什麼國中同學、高中同窗，什麼有數面之緣的爸媽的朋友，什麼小時候我曾經叫過叔叔、阿伯的……忽然都出現在身邊攀親帶故，街頭巷尾買個東西，也常會碰到突然跳出來要「職棒明星」請客買單的「故人舊識」。

我前面有提到，因為新人年的好表現，我曾經被一些老球皮對手用言語心戰攻擊，甚至連同隊學長也有人會抬出球隊傳統，在聚餐時要「打得好、獎金領得多」的新人買單請客，這種種經歷，其實都是我從「喜愛人群」到「害怕人群」的原因，這是一個循序漸進的過程。

我自己在拿到比業餘時代更高的薪資，又被聯盟和媒體視為「超級新人」以後，坦白說我自身的價值觀確實一度迷惘，不但花錢在奢侈品的慾望提高了，也脫離了現實社會應該具備的正確理財觀念。

在我拿到簽約金和職棒月薪後，我曾經對我媽說：「媽，現在我賺錢了，我的錢我自己管，以後換我匯生活費孝敬妳。」

除了孝親費，我自己也開始追求物慾，什麼名牌包、手錶，想買的都買，朋友來蹭飯就請客，不管是心甘情願也好、半推半就也罷，甚至被人情壓力強迫的我也一率都買單了，總之該花的、不該花的全都花了，明明跟一般人相比我算是高薪階級，但忽然間我成了月光族，我的勝場獎金、通告出席費，全都被我花光了，到了隔年五月，我發現糟糕了，我不知道有一個需要繳納的東西叫做「所得稅」！

因為把錢花光光，所以我沒有錢可以繳稅，只好硬著頭皮回家找我媽求救，結果我媽果然神機妙算，可能因為從小到大我從來沒有處理過稅務問題，她好像早就預料到我會遇到這個狀況，彷彿是設計好要刻意給我學到教訓一樣，我每個月給她的孝親費她分毫未動，早就全部幫我存起來，後來是靠著媽媽的幫助，讓我在學到教訓之後，還能順利繳納所得稅。

那次以後，我學乖了，從那年起我就把我所有的收入全都交給我媽管理，換成她匯給我每個月所需的生活費就好，其他收入都由她管，這樣不但可以約束我想亂花錢的慾望，也可以名正言順的以「身上沒錢」來婉拒那些要我請客的邀約。

我只能說，無論是我充滿行動力和創造力的爸爸，還是默默從旁觀察給予奧援的媽媽，在我的職業生涯上，他們真的是不可或缺的神隊友。

說到我媽，其實她對職棒環境一直都心存憂慮，所以在我打職棒前，我審視的心態準備不只是面對場上的實力落差，我還要評估職棒環境正面臨的低靡期，我做好心理準備打職棒，但也設想過前進職棒的風險，像是打了幾年之後球隊收掉、甚至是職棒聯盟倒掉這樣的狀況。

在二〇〇九年賽季結束，假球案又再度爆發，我也曾經探詢過我在台電的教練，他告訴我，如果職棒真的待不下去，他會幫忙申請特例讓我重回台電，為了讓我媽媽心安，我確實也是預留了後路才繼續打職棒的。

二〇〇九年底假球案爆發時，徐生明總教練還跟我開玩笑說：「全仔，你會不會變成職棒第一個得獎結果沒有頒獎典禮的新人王啊？」

不過開玩笑歸開玩笑，徐總還是跟我說，他認為政府不會讓職棒倒掉，只是大家要有心理準備，中華職棒會再經歷一段更辛苦的震盪期。

二〇〇九年假球案事件後，我媽媽哭了好幾次，她哭著念我說：「啊就叫你不要出來打（職棒），你看啦！現在要怎麼辦？」當時她沒想到那一年哭完以後，隔年還要再哭一次，媽媽您哭得太早啦。

現在逃避問題，以後還是會再遇到

我老婆曾經用打電動跟我比喻，她說：「在人生中碰到了什麼難題，如果選擇逃避不去面對，就像打電動卡在魔王關，之後再開機的時候還是要面臨同樣的關卡。」

在職業生涯的道路上，我也難免會有當下不想解決、選擇先逃避問題的心態，但是那個不去解決的問題它就永遠存在，之後還是會持續困擾自己。

像是我對重量訓練的態度，我在年輕時成績一直都很好，所以巔峰時期我從不覺得自己需要重訓，直到年過三十歲以後，肌力下滑帶來的長打數據衰退，再加上恰恰（彭政閔）學長也有類似的經歷分享，我才了解到逃避重訓是不可行的，重量訓練是減緩身體素質下滑、延長職業運動生命的必做功課。我從排斥重訓到學會聰明重訓，接受私人教練為我量身訂做的客製化重訓過程，家嘉在她的書中也有完整記述，歡迎各位讀者參照。

另外，像是我在進入職棒以後就開始逃避的人際互動，其實曾經讓我相當苦惱，後來也是在家嘉的建議下，讓我敞開心胸，去跟一些我在認識前原本先入為主、心存成見的人積極互動。

不要先入為主，透過親身互動去認識某個人吧！

其實我不怪別人誤解我，因為年輕時是我自己先選擇了封閉自我，不讓別人知道我內心真正的想法；而就連我自己其實也很容易先入為主去看待一些人。

二〇二〇年初，富邦悍將找來洪一中總教練擔任球隊新任主帥的時候，我當時心裡想著：「慘了，以後我的日子要不好過了！」

會這樣想，是因為我當年在國際賽時曾經跟洪總有過短暫的合作，二〇〇八年三月，我以業餘球員的身分入選洪總領軍的中華隊去打北京奧運最終資格賽，也就是棒球迷俗稱的「八搶三」，當年旅外徵召也不太順利，就像這次的十二強賽一樣，陣容中絕大部分是以中職本土選手為主力，當年我們打出的口號是要「帶陳金鋒學長去北京」，在不被看好的狀況下，我們艱辛但順利拿下北京奧運的門票。

在比賽結束後，洪總集合全隊對眾人說：「這次八搶三有打的，我都要帶到北京！」

不過後來他又補充說：「但是益全和智堯我不會帶。」

我當時沒有想過，北京奧運的時候洪總說不會帶我和智堯，是因為那時候我們還不是職棒球員，我只單純看到其他一起拚八搶三的隊友都能去打奧運，但自己卻不能打，在當下讓我感覺洪總似乎不認同我的實力。

就是當年心裡埋下的種子，讓我下意識覺得洪總教練不喜歡我，但我沒想過當年他眼中的林益全是二〇〇八年的版本，而不是後來他接任富邦總教練時，已經在職棒有了十一年實績和經驗的林益全；所以當聽到洪總要來富邦執教的消息時，我就先入為主認為自己以後應該沒機會了，因為這樣的心態作祟，在洪總到任後我有點刻意避開與他的互動，在練球、比賽時，也很少跟他交流。

直到家嘉發現到狀況不對以後對我說：「你是隊上的主力選手，有新的總教練上任，你應該要主動去互動、去跟他熟悉才對。」我一開始還是很排斥，在洪總執教的前幾個月我都沒有主動找他，這樣尷尬的僵局讓我很痛苦。

洪總是球場上嚴厲，私底下隨和的嚴師。

家嘉開導我說：「你今年逃避的問題，明年球季開始你還是會繼續碰到這個關卡，洪總就是你現在的任務，等你突破了這一關，之後就會海闊天空。」我心想確實如此，除非我們不在同一隊，不然不可能永遠保持陌生。

於是在二〇二〇年下半季，我碰到洪總時開始會先禮貌性的點頭打招呼，後來碰到新冠疫情，在球團因應防疫規劃了泡泡室練球的機緣下，我開始主動嘗試跟洪總攀談，先是隨口問候早安，然後在略為尷尬的氣氛中，我硬是擠出了一句：「洪總，你現在幾歲啊？」

在那個場合下問出這個問題，我想他應該也覺得很奇怪，後來我又接著說：「你現在這個年紀，完全都沒有白頭髮，你有染頭髮嗎？」

沒想到提到這個話題，洪總忽然就來勁了，他很自豪的表示，他從年輕到現在從來沒有染過頭髮，就從這個莫名其妙的話題為起點，我跟他終於開啟了話匣子。

家嘉認為這是一個好的開始，她進一步建議我：「以後在比賽時，無論下戰術的結果是成功還是失敗，只要進休息區就主動跟洪總討論剛剛的賽況，讓彼此更理解對方的想法。」

她希望我不要像之前那樣，戰術執行完以後毫無反應，甚至戰術失敗後面無表情的坐在板凳上，如果碰到多心一點的總教練，可能會解讀為我不認同教練的做法。後來我聽取家嘉的建言，盡量多去跟洪總溝通場上的戰術執行狀況。

過去我曾經因為先入為主，認定洪總執教以後就不會重用我了，但經過親自認識和溝通以後，我發現我是洪總教練球隊規劃藍圖裡的重心，這樣的例子讓我了解，要避免誤會，一定要主動溝通，對方會更理解你的想法，也會覺得：「嗯，原來你是尊重我的。」

人與人的羈絆就是從相互尊重開始的。

另外一個案例，是與楊清瓏秘書長的往事。

過去他在擔任球評的時代，我曾經事後看比賽重播時，覺得楊老師講到我的時候好像常常把我批評的一文不值，我的心裡一直有這樣的定見，我也轉述給我爸媽聽，這連帶影響我父母看球時也先入為主，讓他們也認定：「楊清瓏老師不喜歡我兒子。」所以二老也在不認識對方的情況下就討厭起楊老師，我們一家人就是因為聽彼此的敘述以後相互影響，導致後來我在球場碰到楊老師時，也是遠遠問個好就快速躲開了。

這件事後來也是因為我老婆發現狀況不對，她同樣建議我要主動上前去跟楊老師攀談，不管是聊棒球、聊家庭、聊近況，反正就是閒話家常；沒想到就因為這個緣起，後來我跟楊清瓏老師的感情變得很好，這個例子教會我，在工作場合就事論事一定會有批評，但不代表出了球場以後不能有私交，凡事不要先入為主，也不要透過他人的轉述去認識另一個人，如果憑藉自以為的想法或道聽塗說的描述就對沒親自互動過的人有定見，可能會錯失交到一個朋友的機會，甚至給自己多製造一個敵人。

人群恐懼症因何而來？

我童年的個性和與人的互動模式跟現在南轅北轍，尤其是面對群眾這一塊，在長大以後可以說是一百八十度的大逆轉，我甚至有點害怕人群，這跟我的性格還有後來進入職棒以後的經歷有關。

我的性格有一項特質是做事非常極端，我不知道是天蠍座的個性都這樣，還是只有我自己天性如此，總之我的行事風格會走在兩個極端，如果我想要做、也決定要做的事情，那我就會百分之百投入努力；反之，如果是我決定不要做的事情，那我就會完全零付出。

舉例來說，我選擇要打棒球以後，我就全心投入，以打入職棒、獲取成功為目標；反例則是進入職棒以後的交際應酬，如果我選擇要社交，我可以是一個外向、常跟大家出去玩的人，但後來進職棒以後眾多事件交互影響，讓我選擇關閉社交開關，也讓我從百分百投入的這一端，走向了零付出的另一端，成為外人眼中的孤僻者。

這種轉變是從進入職棒後才開始的，第一個原因是因為假球案的影響，我進中華職棒的前兩年，剛好是假球案陰霾籠罩中職最嚴重的年代，我的家人很傳統，又住在民風保守的鄉下，假球案發生的時候，他們非常難以接受鄉里間的閒言閒語，重視名譽的兩老不能容許街談巷議對他們說出：「你兒子打職棒喔？那邊不是都在打假的？」這種話，所以我爸媽當年一度搬來台中，一方面是想盯著我的交際狀況，一方面也是希望確保我過得平安。

說句一點都不誇張的話，因為假球案的陰影，從二〇〇九年到二〇一一年這段期間，上場打球的隊友間彼此都會相互猜疑，一個簡單的防守沒有處理好，馬上就會被投射懷疑的目光，用「風聲鶴唳、草木皆兵」形容一點都不為過。

一起同甘共苦、並肩作戰的隊友，也無法百分百肯定對方是乾淨清白的，踏上球場都能相互猜疑，場外的交際應酬當然是能免則免，加上當年電話也常被監聽，與其瞎哈拉遭到莫須有的懷疑，乾脆就連閒聊也都一併避免。

我關閉社交開關的第二個原因，也是家嘉在她的傳記中曾經提過的，當年球隊有個傳統，表現優秀的新人要請客招待前輩，結果後來我弄到自己變成月光族，經過那次經歷後，我就把錢交給我媽來管理，碰到飯局邀約一律推託沒錢，減少這類的出席，久而久之大家也就比較不想約我出去了。

而讓我開始從遠離人群到害怕人群，壓垮駱駝的最後一根稻草，就是「一棒擊沉」口號的事件餘波。

二〇一〇年我們興農牛隊打進總冠軍賽，賽前轉播單位要錄製雙方主力選手的形象影片，要每個球員說段鼓舞球隊士氣的信心喊話，我當時因為不知道要說什麼，就照轉播單位幫我設計好的台詞照唸，這就是那句著名的：「一棒擊沉！」

當年冠軍賽的對手是兄弟象隊，是中華職棒最具人氣的老牌球隊，他們球迷本來就很多，加上總冠軍賽前的氛圍影響，象迷聽到我這句話以後群情激昂，認為：「這個年輕人很秋喔」、「他嗆聲說要一棒擊沉兄弟象欸！」

那年總冠軍賽我們輸給兄弟象，我在系列賽打得很差，還成為最後一個出局者，結果我被球迷奚落的很慘，直到隔年賽季都還聽得到球迷對我的訕笑，我還曾經直接聽到球迷對我喊：「哈哈哈，一棒擊沉笑死人！」

那次事件以後，我是真的被罵到有點害怕球迷了，從那時候開始只要打完比賽、踏出球場之後，我看到人群就會快閃，我沒辦法區分這群人是來支持我的還是來笑我的，我只希望盡快遠離群眾。

說起被球迷罵的事情，可以說無奇不有，像是因為面無表情時看起來臉很臭，所以幫球迷簽名的時候也被說過我態度不好，當然我也碰過拿著別隊商品來找我簽名的球迷，因為我覺得簽在其他球隊的球上好像不是很得體，所以後來沒幫他簽，結果因為這樣也被球迷罵：「林益全你是在臭跩什麼？」

說真的，拿其他球隊的商品給我們職業球員簽名並不恰當，不要說是簽其他球隊的商品，像現在啦啦隊女孩採取的偶像管理模式其實更嚴格，我聽說有些團體被要求不能簽白紙、空白球也不能簽，只接受簽名在自己的肖像商品上，因為這樣的管理，讓粉絲要取得該偶像的簽名，就必須購買其肖像商品，偶像們就能確保自己的簽名價值，能夠反映在肖像商品的銷售量上。

心態上的武裝

我曾經在球場上對決過許多威壓感強大、氣勢凌人的投手。

像以前統一獅隊的海克曼（Luther Hackman）、兄弟象隊的羅曼（Orlando Roman）、庫倫（Ryan Cullen），還有後來同隊過的羅力（Mike Loree）、勝騎士（Mario Sanchez）還有布雷克（Brock Dykxhoorn）。

這些投手雖然風格各異，但共同點是上場以後非常具有壓制性，很懂棒球規則、擅長玩球，並且非常認真研究台灣的打者。

像羅力、勝騎士還有布雷克，因為我曾經先後跟他們當過隊友，我大概知道這些洋將的習性，他們非常認真做筆記、研讀情蒐資料，在兩次先發的間隔期間，他們會努力做好下次先發前的身心準備，我多數時間看到他們時就是一直在勤做筆記，就是因為這麼認真，所以上場時打者常常會感到有一種「他好像對我瞭若指掌」的感覺。

功課做得詳盡，調整好先發登板的心情，他們在場上呈現的氣勢就是：「今天是我來玩你、不是你來玩我的！」

應對這種對手，就是他做功課，你也要做功課，而且做了功課之後還要隨時觀察對手是不是有策略改變，情蒐工作現在已經是基本功了，但臨場誰的狀況好、敏銳度高，策略調整應變得快，投打雙方誰就能搶得先機。

如何在球隊變化中堅守自己的風格與長處

我的職棒生涯共事過超過十五位總教練，也經歷過美、日、台等各流派教練團的訓練系統，如果想要吸納各門各派的長處，又不想被改變自己的球風與優點，最重要的先決條件就是「以往的個人成績要夠好」。

因為你有過去的實績背書，當有新教練團到來，無論他是日本、美國還是台灣教練，通常因為對新球隊的成員不夠熟悉，所以會先從旁觀察、並跟球隊調閱你的歷史數據做為參考依據，只要你有穩定的成績輸出，他就不會隨便改變你的優勢，除非是該選手自己要求想要嘗試新的改變。

反觀成績起落不定的選手，就很容易隨著教練團的變動必須接受較大幅度的改變，像之前富邦悍將找來陳瑞振教練時，他在內野守備上的指導有一項重點是希望選手防守重心要壓得比之前更低，因為他認為台灣的比賽場地普遍不夠完善，壓低重心守備，當碰到內野不規則彈跳球時，身體蓄積的動能可以讓內野手快速做反應，就算真的反應不及，彈高起來的球也比較容易從頭頂上方越過，不至於直擊頭部造成嚴重傷害。

這個指導內容本身是極好的，但不是每個人的身體（髖關節）條件都可以承受壓低重心到這種程度，後來有部分選手就因為不習慣這樣的訓練，造成接球時發生障礙，後來產生連鎖反應，讓他連傳球的機制都有點亂掉。

但因為該球員前幾年的成績不穩定，所以當新教練到來時，首先被改變的一定是過去成績搖擺不定的選手。

在統一獅隊，日籍的玉木朋孝教練在守備訓練的風格很日式，要求守備動作的各個環節講究一絲不苟、中規中矩，一開始他對於選手的守備習慣本來是每個都想要去做改動，但後來他觀察到部分選手是那種不照本宣科的守備模式，愈是自然隨興，守備發揮就愈行雲流水，當觀察到選手有這樣的特質時，教練就不會強制去改動，以免適得其反。

對於長年有實績的選手，洪一中總教練也比較不會做更動，只是他更強調加強團隊的體能訓練，讓整體耐戰程度提升，才不會拚戰到球季尾聲的關鍵時期欲振乏力；此外，他也擅長微調訓練流程，例如同樣是四十分鐘的打擊訓練，他會增設不同內容的訓練分站，讓同站還沒輪到的選手先去別站練習，等到本站人流消化完成以後，再讓做好其他分站訓練的選手過來輪替，如此在四十分鐘內所有選手都不會空等，讓訓練過程更有效率。

內心的陰暗面也能幫助自己力爭上游

正向積極的力量固然是幫助自己成長的動力，但人心不會只有光明面，像是悲傷、憤怒、嫉妒，這類情緒或多或少都存在每個人的心中，這些感受帶給我的並不全然都是負面效益，舉例來說，像嫉妒他人的感受，有時候可以刺激自己突破自我、闖出舒適圈，因為嫉妒會讓我想用實際成果證明自己沒有比別人差。

我曾經透過嫉妒心，激勵自己奮發進取持續創造好成績，我的嫉妒對象可能比較讓人猜不到，他就是我的老同學、老朋友兼老對手——「小胖」林泓育。

我和泓育是南英商工的同年級隊友，也是長年的好朋友，我內心會存在這種跟他較勁的念頭，我猜他自己也不知道，這件事情肇因於小胖的父親，他父親很以泓育為傲，當年在我還沒決定要不要去念大學的時候，泓育的爸爸就問我說：「全仔，你要去念文化大學嗎？」

我說：「我還沒決定要不要念大學。」

他接著說：「我跟你講，我們小胖要去文化那邊當四年的主戰捕手喔！」

小胖的優秀之處我非常明白，但他父親當年的口吻確實有刺激到我，讓我想要用將來的表現向他證明：「我的表現不會比你自豪的兒子差！」

所以後來進入職棒以後，我們兄弟爬山、各自努力，我一直記得當著我的面誇耀自己兒子的小胖爸爸，也以他的話激勵自己努力求表現，小胖雖然不知道我在心裡跟他較勁，但我很感謝他的職棒生涯如此偉大優秀，是他的成就逼得我在證明自己的道路上必須一直突破自我極限，不敢有絲毫的鬆懈。

小胖是我最好的朋友，
也是最強的對手。

人的優缺點都是一體兩面的

在自我反思的過程中，我認識到自己個性上的諸多缺點，當我碰到挫折時，我容易直覺性地先往負面思考，也比較容易自我設限。

我在職棒生涯巔峰期，有許多球季都有機會可以挑戰單季四成打擊率及兩百支安打的大紀錄，在我與家嘉結婚以後，她也認為以我的打者型態，應該要以單季四成、兩百安為挑戰目標，但因為我已經幾次挑戰都以失敗告終，所以後來我對於有人跟我提起這件事情的直覺反應就是：「這哪裡是有可能達成的紀錄啊！」

因為自我設限，讓我在選手巔峰時期沒有逼迫自己再次突破個人極限，直到後來王柏融選手達成了這項歷史性的紀錄，我才發現家嘉說的是對的，真的是「沒有不可能，只有要不要。」

打個比方說，就好像我在尋找傳聞中埋藏的大寶藏，我已經掘地十幾公尺深，本來只差一點就可以碰觸到寶箱，但同時我也感到精疲力盡，我就會認定「這裡肯定沒有寶藏」，結果我可能就在距離寶箱僅差半公尺處停止挖掘，為山九仞，功虧一簣。

只要逼自己再試一下、再試一下，就有可能達成看似不可能的目標，但因為我自認努力到某種程度還是沒能獲得成功，就斷然認定此事不可能達成，這種思維讓我的很多夢想最後都差臨門一腳。

這些經驗讓我體認到，在追逐夢想的道路上，實在應該逼迫自己至少多突破一到兩個極限，或許最後的結果會截然不同，與大家共勉之。

落合博滿曾經說過：「與其改正缺點，不如把缺點當武器，例如極度怕生的人，在電腦前工作可能會如魚得水；不輕易相信別人的人，可能很適合擔任會計審視帳目。」

人的優缺點都是一體兩面的，有時候常人眼中的優點，對於職棒選手而言反而是缺點，就像凡事不得罪人、個性溫和的好好先生，可能就不太適合在職棒運動中跟對手爭飯碗、拚輸贏；反過來說，常人認定的缺點，在不同領域的需求下，有時候反而是優點。

例如我從原生家庭傳承而來的愛家觀念，我父親是一個很顧家的男人，他不喜歡和人交際應酬，從我有記憶起，每天傍晚五點以後他就回家了，即使到我出社會打職棒多年，如今我每次回高雄老家，只要五點過後也會看到他在家中安坐，他就是一個以家庭為重心的男人，這一點我與我父親非常相似。

我父親傳承給我最好的身教之一就是顧家，然後娶到一個值得信任和珍惜的好老婆，把家中的財務交給太太管理，這方面我也比照辦理，在結婚以後，管理我財務的重任，我媽媽就交棒到我老婆手裡了。

我不喜歡應酬場合，只要比賽結束我就馬上往家裡跑，我尊重我老婆的意見，我願意聽她的建議改變我的做法，我也不吝於在公開場合表現出對她的愛，我的社群帳號上一直有「全愛嘉」這樣的暱稱，年輕時在許多前輩、隊友的眼中，我出了球場不愛跟大家一起玩，我在大家的眼中既孤僻又不合群，也常被人暗笑是「妻管嚴」或「妻奴」。

但我這種行為模式，讓我在職棒動盪的年代能夠遠離外力汙染，讓我能潔身自好、愛惜羽毛；而且「聽妻嘴、大富貴」，太太的協助讓我的好表現能夠爭取到比預期更好的薪資待遇，甚至還延長了我的職棒生涯，當我很多同期甚至後輩球員都已經紛紛離開職棒舞台的如今，我仍然佔有一席之地。

在「全愛嘉」這個被前輩笑「肉麻當有趣」的愛妻模式經營多年以後，如今這種公眾形象反而正在逐漸普及，成為年輕球員學習的榜樣，像傑憲、智傑、岱安還有正棠，他們都以這樣的形象塑造在努力，昔年我被譏笑為「妻奴」，但現在我們這種丈夫的美稱叫做「寵妻魔人」。

新時代的職業運動員，更著重經營個人形象，「顧家，愛老婆，疼小孩，生活單純不惹麻煩」這是職業球星成為優質偶像的經營之道，出了球場不在外面到處亂跑，除了不容易惹禍上身，也不會讓球迷隨處在一個海產攤上看到你在跟人家喝酒、划拳、大聲嚷嚷，破壞了你在他們心中的好印象。

當每個選手都重視個人品牌的經營，不隨便在外拋頭露面，營造出「想要見到球星並不容易」的現象，其累積起來的效應，會讓廣大球迷們為了想見到心儀的球星選擇多進場看球、或踴躍參與球隊舉辦的公開活動，這正是讓中華職棒選手在球迷心中地位得以提升的經營模式。

林益全
LIN
#99
LIN YI CHUAN

Part 2.

全力以赴

ALL

Part 2.

實力，是成為職業選手的基本條件，能成為職業選手，只是合格的開始。

如何從好，做到很好？如何讓很好，成為更好？

我們能夠如何用身邊的一切資訊和資源強化自己？

這就是成為職業選手每天都要思考的問題：我能不能夠持之以恆的全力以赴？

身為選手的優缺點，自己必須非常清楚

在職棒生涯超過十六年以後，我檢視自己的選手特質，發現自己確實擁有一些特點，讓我能在眾多選手當中脫穎而出，還能打得久遠。

我身為打者最大的優勢，是手腕運用能力好，讓我的球棒控制能力佳，在打擊區的揮棒涵蓋範圍很大，加上揮棒速度快，讓我對於投手丟內角球的攻擊可以應變得宜；也因為

內角球打得好，我可以自由調整打擊站位，以開放式或封閉式站姿，靈活應變不同球速、球種的內、外角球。

我在職業生涯當中，很幸運的不曾受過足以讓我球季報銷的重傷，除了身體素質好，我認為在年輕時就養成好習慣，固定在練球前提早伸展、活化身體，以及發育期至今都在服用龜鹿二仙膠等等，應該都有一定程度的幫助。

光是不容易受傷這一點，對於職棒選手而言就是極大的恩賜了，而且因為打擊型態的關係，我不容易打出直擊自己身體的自打球導致受傷，過去我曾經看過林安可、郭天信幾位同為左打的選手，多次因自打球擊中護具保護之外的部位導致受傷無法繼續打擊，而且這樣的狀況不只看到一、兩次，甚至還有打者在同一個打席被自打球連續直擊身體同一個部位兩次，這也讓我在內心萌發出「往後運用運動科技的力量，來研究分析打擊機制對自打球的影響，或許有一天可以達成藉由調整打擊機制，減少選手受到自打球傷害的目標」，這是後話。

我的打擊站姿，會隨著不同投手的球速快慢、球種類型，自由調整我要採取開放式或封閉式的打擊站姿，並且因應投手的變化球軌跡，我還會微調在打擊方框內要向前站、或是往後退一步，這會與應對來球的進壘位置和球路變化動向有關係，後續我會再簡單扼要的說明。

總而言之，我的打擊型態、站姿調整，讓我在打擊區的視野良好，對於我選球、近身球的閃躲反應很有幫助，以球隊主力打者而言，我每個賽季遭到的觸身球數量算是很少的，一方面是因為我本來就不是會利用身體趨近好球帶企圖獲取觸身球上壘的打者，另一方面，即使觸身球能獲得上壘，我也不願意承擔被球擊中身體後的風險，即使球打在身體肉多的位置，也無法保證會造成什麼後果。所以只要近身球來襲，第一時間我會做的選擇就是閃躲，這也是為什麼我很少因為挨球吻而受傷的緣故，畢竟有健康的身體才有追求成績的資本。

當然，我也有顯著的缺點，我的缺點在於打擊時的保守心態。

在結婚以後，家嘉觀看我的比賽時發現到一個狀況，那就是我常常在比賽前段打得很好，可能前三打席就已經出現一或兩支安打，但後續我似乎就會呈現出「我今天已經達標了」的心態，後續打席感覺就比較隨興，不像前三個打席打安打時的過程會很謹慎選球、百分百專注，傳達給人一種「必定要打到」的企圖心。

我必須承認她的觀察是正確無誤的，這方面跟我的個性有關，我在比賽前段已經有好成績以後，後面的打席確實會略為放鬆，但這並不代表我是隨便亂打，只是相比前幾個打席，想要打出安打的企圖心確實會有落差。

這點與先前提過，我在職棒生涯第二年時曾遭受前輩的「言語攻勢」也有關係，某些對手會在比賽時對我說：「安打打兩支差不多就可以了喔，你卡有斬節咧（稍微節制一點），再這樣下去，就不保證球會飛到哪裡去了喔。」

不只是對手，就連當年隊上的前輩都曾經來對我說：「你把人家打那麼慘，也要想想對方也是有家庭、有飯碗要顧的。」年輕的時候，這種話我還真的都往心裡去，甚至還會想：「我是不是不要打得太過頭，給對手留點顏面比較好啊？」

後來我跟家嘉分享這段過程，她聽完我的想法以後覺得啼笑皆非，她告訴我對手就是在對我運用心理戰，要我不需理會，而至於前輩所提到那些「為對手留顏面」的論點，她也一一駁斥，為我突破盲點。

她說：「你們職業選手就好像是業務，打擊成績就是你們的業績，大家都是憑藉成績爭取待遇來養家餬口，投打對決就是拚上飯碗的戰爭，你狀況好的時候就是應該能打多好就打多好，難道你低潮的時候，你的對手會同情你嗎？難道投手也會為你人情留一線嗎？」

喔，對了！這也是為什麼我老婆評估我在興農牛時代的成績以後，一直認為我應該要以單季四成打擊率和兩百支安打為目標的重要原因之一。

我效力興農牛的時代，常常球季中打擊率就在三成八左右徘徊，安打也偶爾能夠半季就突破百支，但最後全年球季結算時，我的打擊率會落在三成六，安打也在一百七十支前止步，這些在旁人看來可能已經是很好的成績，但這卻是我在受到前輩心戰喊話以後自我設限、每場比賽有一到兩個打席是「收斂著打」的狀況下達成的。

如果認真把這些「收斂著打」的打席累計起來，全年度我應該至少還有一百個打席的機會可以再把個人成績向上拉升，但我卻因為心態問題自我設限，所以總是和四成、兩百安的大紀錄擦身而過。

家嘉的提醒讓我瞬間醒悟，我才發現自己過去的想法有多天真，認知到這點以後，我試著忽視對手的心戰喊話，能夠把自己的成績打到多好，我就盡力打到多好。

後來職棒生涯愈接近後期，我的打擊無法再像巔峰時期那樣大殺四方，但是年輕一輩的投手們碰到我，一樣把我當成過去的林益全在全力施為，就算我陷入低潮、好幾個打席敲不出安打了，投手群對付我也不會留絲毫餘地，這就是職業運動的現實，對敵人手下留情就是對自己殘忍，全力以赴才是對過去戰功彪炳的前輩表示敬意的方式。

我的打擊哲學與棒次任務

當我在某個打席中陷入球數落後時，面對投手丟出遊走在好球帶邊緣的引誘球，我的應對方式會先以截擊將球破壞為主。

我並不是一個害怕被三振的打者，但因為我的球棒控制能力許可，好球帶邊緣的球是我有辦法破壞掉的，所以當兩好球後、又碰到來球進壘點不適合有效攻擊的情況下，我不喜歡因為不出棒將命運交給主審決定，我會選擇破壞掉這顆不好打的球，爭取再下一次的揮擊機會。

從菜鳥時期，我被定位的攻擊型態就是中、長程類型的打者，所以職棒新人年很多時間我被徐生明總教練安排在球隊先發第七棒的任務，他對我的定位，就是「第二輪的第三棒」。

所謂「第二輪的第三棒」，就是指當首局進攻時，如果攻勢到第四棒的張泰山學長沒有辦法得分而結束那個半局，在下次輪到我們進攻時，就會從第五棒開始打起，那位第五棒就會成為該局的開路先鋒，如果他能上壘，接下來第六棒就會繼續擔任起助攻推進跑者的角色，而後再輪到第七棒的我登場，我就等於是這一局的第三棒打者，擔綱把隊友送回本壘得分的任務。

在我新人時期那個年代，後段棒次大多比較欠缺打擊火力，說得直白一點，在徐總的規畫中，八、九兩棒其實就是放水流了，他認為只要前七棒的攻勢能夠如他預期的串聯，球隊得分就會順暢。

我也曾經被擺過後段棒次，但這種狀況通常是小有低潮或身體疲勞時，教練才會把我的棒次往後挪動，讓我每場少幾個打席，減輕身體負擔同時調整狀況，當身體恢復正常時，就又會把我的棒次向前調整。

我也打過幾次第一棒，這種狀況通常是為了要爭取打擊獎項、或剛從二軍回歸需要快速讓手感升溫時。有一年球季尾聲，我跟兄弟象隊的花花（張正偉）爭奪安打王，總教練就曾經把我擺在第一棒；另一次是因為我剛傷癒歸隊，球隊為了讓我盡快調回手感，就把我擺在開路先鋒的位置讓我盡量多打幾次。

如果問我個人最喜歡打第幾棒的話，我的答案還是第四棒！

我接受的三級棒球教育還是屬於傳統年代，內心深植的觀念就是「能擔綱球隊第四棒是最榮耀的事情」，畢竟在傳統棒球觀念裡，第四棒就是一支球隊最重要的中心打者；但回顧我的職棒生涯，雖然我打第四棒的打席樣本數最多，但其實我在打第三棒和第五棒時的成績反而比第四棒更好一些。

在職棒打超過十六年以後，無論打任何棒次對我而言已經沒有區別了，我只關注總教練派我上場的目的，那就是「當球隊需要得分的時候，派林益全上場」，只要我打的出來，能把壘上的隊友送回本壘就好，這就是我現在上場的任務，無關乎打第幾棒，也已經不是需不需要長打的問題，這種認知對每個打者都一樣重要，認清楚當前球隊對自己的要求以後，上場打擊的思考就可以更簡化一點。

在我的職棒巔峰期，有很長一段歲月我是擔任隊上的三、四、五棒，我在中華職棒生涯當中，擔任這三個棒次的打席總數合計剛好超過六千個。

在還沒有站上打擊區以前，擔綱中心棒次的我，被球隊賦予的任務就是要在壘上有人時把隊友送回本壘，但我並不是一個英雄主義者，當實際站上打擊區以後，我會先觀察壘上情形、出局數以及好壞球數狀況去做應對，並不是一味強求要靠自己把打點打回來。

我只有在投手取得兩好球、自己球數落後的情況下，為了不把出局與否的命運交給主審，我才會勉強去攻擊明顯並非在好球帶的進壘位置；但當球數對我有利，例如已經三壞球沒有好球、投手顯然也不願意與我正面對決時，我不會為了製造個人打點數字去勉強攻擊，而會選擇收下對手致贈的保送，把打點機會交給下一棒的隊友。

光就這一點，我都曾經聽過有人批評我這樣的做法是：「把中心打者製造得分的壓力丟給隊友！」

但我個人認為，在球數對我有利的情況下，我若是為了打回打點勉強去碰球或是硬撈，結果打到壞球，反而高機率會製造雙殺、鳥飛等無效出局數的損失，我認為在沒有好球、三壞球的情況下，純粹為了製造個人打點而做出無效攻擊者，才是真正的「不顧團體、只想打個人。」

打擊站姿與來球應變間的關係

打擊站姿，是因應不同打者揮棒速度的快慢落差，為應變投手內、外角球所做出的站姿選擇，我簡單介紹一下，打擊時的站姿，區分為「開放式站姿」和「封閉式站姿」。

開放式站姿：打擊時，前導腳在外側（較遠離本壘板）、後腳在內側（較接近本壘板）的站姿，因為打擊揮棒的過程，是先由前導腳跨步後的啟動才開始旋轉身體，當採取開放式站姿時，前導腳已提前跨開，等於已先將身體轉向前方面對投手，有利於把來球看得更清楚、也能幫助揮棒速度較慢的打者提前啟動揮棒機制，讓他打到原本跟不上的內角速球。（備註：上述的「前導腳」，就是你在打擊時比較靠近投手的那隻腳，以右打者而言，打擊時的前導腳是左腳，左打者的前導腳就是右腳。）

開放式站姿的缺點在於，因為已提前跨開前導腳，腰部因而鬆開，所以揮棒時下身旋轉續力的動能會降低，擊球時的力道會被減弱；但如果該打者本身就很有力量，採取開放式站姿可便於他提升內角球擊中機率，一旦打中形成長打或全壘打的機率就很高；但採取開放式站姿的另一項缺點是，打者的揮棒範圍會距離外角好球帶更遠，較難應變外角變化球，例如外角滑球就會成為鞭長莫及的罩門。

封閉式站姿：打擊時，前導腳在內側（較接近本壘板）、後腳在外側（較遠離本壘板）的站姿，優、缺點恰好與開放式站姿相反，採封閉式站姿時，身體大部分面向本壘，需轉頸才能將臉部面向投手，看球視線範圍因此受限；而且因為需要跨出前導腳才開始旋轉腰部、啟動揮棒機制，所以應變內角球的速度會變慢；但也因為腰部旋轉讓續力動能較多，擊中球以後的力道會增強；此外，這種站姿距離外角好球帶距離較近，比較能夠掌握到對手的外角球。

開放式站姿和封閉式站姿各有利弊，對於像我這樣揮棒速度夠快的打者，我應變內角球沒有揮棒跟不上的問題，所以我可以優先採取封閉式站姿，這樣投手的內、外角球對我而言都不構成太大威脅。

當然，我還是會因應情蒐或臨場狀況，針對對方投手當天在兩好球後投出決勝球時的球種、球速、內、外角進壘點的機率，來靈活調配自己的打擊站姿。

意象訓練的對手選擇，視自己當時的狀況而定

棒球選手在沒有比賽和練球時，也會在腦內跟對手做模擬意象對戰。

我剛認識家嘉、她還沒有這麼懂棒球的時候，她偶然看到我閒暇時看著某次自己打得很好的打席影片時，她笑著說：「你很自戀欸，幹嘛一直看自己打全壘打的影片？」

但我在看影片時，其實是在透過影片回想：

「那時候我為什麼對戰這個投手可以打的好？」

「我在打擊當下的心態是什麼？」

「那個打席的過程，我是不是有猜到投、捕手的配球模式？」

「對手的配球是不是有按照我上場前預先設定的方向在走？」

我是透過影片在複習，為自己上述種種疑問做出解答，我不希望打完球以後，打好或打壞自己都不知道為什麼，所以我會透過影片回顧，在腦內還原當時的情景，回憶當時研究對手的過程以及最後的實戰結果相互驗證，再一次深深烙印在腦海裡，做為下一次對戰時的參考。

我用影片做意象訓練時大概是二〇一二、二〇一三年左右，情蒐在中華職棒各隊間還沒有普及和進階運用，所以當年我大多都是看著比賽精華然後在腦內意象模擬，還沒有加上情蒐數據一起研究。

就我印象所及，以前各隊忌憚的主力洋投，大多我打來都還算得心應手，像是對戰效力統一獅時期的布魯斯（Bruce Billings），他的變化球品質很好，對打者極具引誘力，但我有一次連兩打席敲他全壘打，那天我就覺得投捕的配球模式確實都是按照我腦內預設的劇本在走，他投出的球路也都是我有設定到的。

具體來說，就是幾好幾壞的狀況下，我預設他會投什麼球來對付我，結果也確實精準命中，所以才有好的打擊結果。另外像是曾經跟我成為隊友、在中華職棒締造百勝佳績的強投羅力，我跟他昔年的對戰數據也不錯，還曾經打過他三發全壘打。

讓我打起來彆扭的投手很多都不是對方的王牌，反而是一些偏向功能性的特殊投手，像是統一獅隊的潘俊榮、中信兄弟的「眼鏡俠」鄭佳彥，都讓我打得不太好，有一陣子鄭佳彥甚至變成中信兄弟專門拿來克制我的武器，對上富邦時就是專門派上場來投林益全的，要論真正屬於王牌型的後援投手，我對中信兄弟的李振昌選手也是打得相當苦手。

最初進行意象訓練時，我都會去模擬那些我常常打不好的投手，結果苦思許久還是沒有得到很好的突破，等於白白浪費了時間。

一次偶然機緣下，家嘉的一個建議又讓我突破盲點，她建議我在意象訓練時的對手選擇，也要視自己當時的身體狀況而定，她說：

「你在開季時常常會有慢熱的情況，這時的狀況會比較差，當你狀況不好的時候，更不應該在腦海裡糾結那些你平常打不好的投手，這樣反而讓你的心情更低落；而且你要仔細想想，這些投手幾乎都是後援，不會天天上場、也都不是投長局數的長中繼、他們甚至還不是每次打到九局時你都會碰到的投手！」

這真是一語驚醒夢中人！

我實在不應該為了對戰樣本數較小的苦戰對手，去影響我大多數時間的打球心情，後來我採納家嘉的建議，在狀況差的時候，意象訓練會專注在自己平常打來得心應手的各隊主力先發，以及出賽局數較長的長中繼投手，只要我把這些經常碰到的投手打好，賽季整體的平均成績就會穩定。

當球季進行到四分之一以後，我的手感已經逐漸加溫，打擊成績也已穩定輸出了，這個時候我就有餘裕思考，那些平常讓我打不好的投手群的攻略方式。

這道理說穿了其實很簡單，就是看時機來選擇意象訓練對手的順序，這樣可以讓自己的心態不會陷入焦慮和急躁，可以心平氣和的調整開季作息；況且某個對手需要花多少時間和精神去攻略，也要視他的出賽頻率而定，按照比例投資時間和精神，對應成績才會比較符合投資報酬率。

投手攻略法：從情蒐數據和技術調整雙管齊下

意象訓練後，就要回歸現實面，以理論加上實際練習調整，才能攻克原本打不好的投手，我父親跟我太太都分別提供了不同層面的幫助。

我父親主要提供的協助在於技術面：我們父子會先去看影片，我對上某位投手時，是對他哪一個球種比較不擅長攻擊？

然後就是站上打擊區的模擬，打擊方框在我眼裡我會將其切分為前、後兩格，任我應變不同球路時選擇站前或站後的調配領域，打擊時要能隨機應變，如先前所敘述，意象訓練時，會設想到某投手讓我打不好的是內角還是外角球，然後我就可以依此調整成開放式站姿或封閉式站姿，如果要應對投手的特殊變化球軌跡，也可能要在打擊方框中選擇站前或站後。

家嘉對我的幫助是協助做情蒐數據，結婚以後，我的每場比賽她都會看，她透過電視轉播看球然後用紙本記錄，她會記錄某位投手直球和變化球的使用百分比、幾好球幾壞球時，有多少機率會運用哪些球種？進壘位置又大多落於何處？她提供我的就是這些投手在不同情境下的球種運用，和進壘位置的機率數據。

簡而言之，有這樣的情蒐數據，就好像在打棒球電玩時，對方投手出手之前，你的好球帶九宮格就提前浮現他的球種和進壘位置的提示，再加上我與我父親研習的技術調整，就是應對不同球種和進壘點時，我能預先做出的打擊微調，我們三人的研究是在數據和技術面雙管齊下，讓我可以在腦內記憶情蒐資料，提升預判準確率，再將技術調整運用於實戰當中，提升有效擊球機率！

舉例而言，像某位擅長丟滑球的投手，他習慣攻擊我內角低處（九宮格七號位）的位置（這也是左打者最難打好的位置），我跟家嘉就開始統計他使用這顆滑球的比例，在一好球以後會有七〇%、兩好球後則提升到九〇%，有了這項數據依據，方便我預判他的滑球使用時機，我就可以依照先前與我父親的技術研討，在打擊框中往前站一步，在他的滑球產生較大幅度軌跡變化前就提前擊球，該投手的滑球威脅性就會大幅降低。

情蒐其實就是提供過去投手拿手球路的使用機率，對實戰出現的球種和進壘位置時機提升其預測精準度，讓打者提前採取對應的打擊站姿、站位前後，以應變內、外角球還有變化軌跡，如此一來，要攻克原先讓你覺得很難打的投手，機率就大幅提升了。

在我生涯顛峰的年代，情蒐還沒有如今這麼發達，各球隊的策略調整應變也還沒這麼快，對手以往拿手的決勝模式，關鍵時刻十之八九都還是會比照辦理，這也讓我們的理論研究能夠取得先機。

工欲善其事，必先利其器：打擊工具的選擇哲學

我跟我父親除了研究棒球技術面，「工具選擇」對於打者的影響我們也有著墨。

經過觀察和驗證，我發現很多職棒選手在球棒的挑選上其實是錯誤而不自知的，所謂的錯誤，是指他所選用的其實並非適合他這類型打者的球棒。

在剛進入職棒時，我也不太會挑球棒，而且當時廠商還沒有做到因應不同選手需求客製化的精密程度。當年球棒就只有粗分兩種規格，就是很重和較輕的球棒，要選擇輕或重，就看選手當時身體狀況而定，如果狀況好、揮棒速度快，就用重球棒求取長打；如果身體狀況疲勞，就採取輕一點的球棒來維持既有的揮棒速度追求高打擊率。

我後來接觸高爾夫運動以後，發現高爾夫球桿的分類很多，重量、甜蜜點分布以及其所屬功能也都各有不同，我認為棒球運動的球棒其實也是如此，我也曾經聽某位日職選手說過，他會因應要對付不同的投手，在比賽中攜帶兩種不同的棒形輪替使用。

舉實例來說，面對李振昌選手名聞遐邇的滑球，假設在不調整打擊站位的狀況下從球棒做調整，李振昌的滑球進壘點會到很接近好球帶才發生位移，所以我必須將球帶到很接近好球帶時才進行揮擊。

為了因應這個需求，我改採用棒身重量分布均衡的球棒，這種球棒的甜蜜點不像傳統球棒集中在棒頭，它的甜蜜點部位會加長，只要我能將對手的滑球帶進好球帶，再用加長甜蜜點的均衡球棒擊中這顆球，同樣能夠形成強勁紮實的打擊結果，我也是透過這樣的調整，後期漸漸打得到李振昌選手的滑球。

這套理論是我根據多年職棒經驗和對無數選手進行觀察以後反覆推敲而得，我也曾經將這些心得分享給其他選手。

比較可惜的是，年輕選手聽到這個建議，多數人給我的反饋是：「唉呀！能夠做到這樣是因為全哥你天賦異稟，不是球棒的關係啦！」

也有其他年輕選手認同我的論點，但在他們當前的職涯階段，他們不敢勇於嘗試，心思都先專注於投打對決的研究上，工具器材的遴選就不這麼重視。

我知道年輕球員目前的生涯階段，大多都還在面臨一軍席位的卡位戰，若是貿然嘗試器材改變結果打不出成績，很可能快速失去一軍地位，沒有太多實驗空間是能夠理解的；只是我個人覺得有點可惜，除了研究投手和數據，如果年輕打者可以早點注意到器材對他們戰力發揮的影響，或許他們會更快發光發熱，而對於中生代和資深打者而言，則可能延長自己的打擊巔峰期。

如果已經站穩先發主力的位置，我會建議選手要認清自己的打擊特長，清楚知道自己是什麼攻擊型態的打者。

假設你的擊球習慣是把球帶進好球帶很裡面才出手揮擊的人，要使用重心比較平衡的球棒，擊球甜蜜點的面積較長，失打容錯率會比較高；如果你是習慣把擊球點放得很前面、強調揮出長打的重砲，那就要用甜蜜點集中在球棒粗壯端的重頭球棒，雖然甜蜜點面積比較小，但若是咬中比較容易出現一擊必殺的結果。

在職棒比賽我們常常看到有打者陷入低潮時，為了幫自己「拐氣」先借用某人的球棒來打，結果出乎意料的打出一波佳績！與其說是拐氣之功，但其實背後還是有理論依據的。

當你狀況不好時，揮棒速度降低，再繼續使用重頭球棒只會讓你更難擊中球心，而拐氣借用他人球棒時，如果剛好拿到的球棒是重心均衡的平衡棒，恰好適應到你當下的身體狀況，所以得以敲出安打，凡是皆事出有因，並非只是單純的運氣轉換這麼簡單而已。

克服弱點，強化既有優勢

以打者型態而言，我是一個中、長程類型的打者，我的打擊熱區偏好打中間或較低的球路，以好球帶切割成九宮格來看，居中的四、五、六號位置是我擊出強勁平飛安打的熱區，而好球帶下緣七、八、九號的偏低位置，則適合讓我由下往上拉擊揮出長打，反而是受到重砲型打者青睞的一、二、三號、在好球帶偏高的位置，是我以往比較不愛攻擊的地方。

做為打者，我打擊上最大的優點是手腕運用好、球棒操控能力佳，所以我在打擊區的揮棒涵蓋範圍很大，加上揮棒速度快，所以年輕時的我就算不擅長打高位置的球路，也能靠著球棒控制力將球擊出界外，只要靜待對手投到好球帶其他位置我就能打出安打，長此以往，我就把一、二、三號位的「擊球冷區」放著不去理會了。

但隨著年齡漸長，選手的揮棒速度一定會逐漸變慢，在各隊情蒐愈來愈詳細的狀況下，我的打擊習性自然也會被對手得知，並在實戰中加以利用，在兩好球以後，投手提高了好球帶高位進壘點的攻擊，而將弱點放著不去鍛鍊的我，開始會對這個位置的來球揮空遭到三振。

在職棒中、後期，我開始正視自己的弱點，如果我一直逃避不去克服，明年賽季仍然會碰到同樣的挑戰，所以當我透過家嘉安排，開始接觸為我客製化的訓練菜單以後，在打擊自主特訓時我跟著林仲秋前輩練習，秋哥持續不斷餵球在九宮格一、二、三號的高位讓我瘋狂的練打。

我後來歸納出的理論是，假設好球帶九宮格每一格的擊球能力滿分是一百，我在既有的六格打擊熱區中每格都能達到八十分的水準；而我冷區的一、二、三號位那三格大概每格只有二十分。

如果我只持續維持強化熱區的打擊練習，最多只能讓每格從八十提升至八十五分，六格的進步總分數是三十分；但我若重點鍛鍊冷區那三格，則每格至少可以從二十分進步到三十甚至三十五分，進步總分數四十五分只會比原先的三十分更高，花費同樣的練習時間與力氣，將會是鍛鍊弱項的總收益比較大。

在我鍛鍊高位弱項以後，確實在實戰中提升了高球的擊中機率，即使提升效果有限，但只要出現不同的對戰結果，就會影響對手投捕、教練團的情蒐和策略運用，因為我讓他們意識到「這個位置已經不再是林益全的絕對弱項」，所以關鍵時刻對手也不敢肆無忌憚的用高球跟我對賭，如此一來，二好球以後也將提升我在其他熱區位置的攻擊機會，這就是以技術調整改變心戰博弈的範例。

因為這些經歷，我希望給年輕職棒選手的建議是，當你還在菜鳥時期，你可以多著力在放大個人優點，例如：加強你的熱區擊球率、或是速度快的選手就多發揮壘間破壞力，在菜鳥階段有特別突出的長處，會讓你比較容易被教練注意和起用。

等到你發揮特長，足以成為先發主力以後，就要及早正視並改善自己的缺點、弱項，尤其是現在各球隊情蒐部門的能力愈來愈強，當你站穩主力不久，就會成為各隊情蒐研究的對象，愈早開始提升弱項上的數據表現，即使幅度有限，也有助於你在先發的位置站得更穩。

講完了克服弱點的環節，當然不能忘記持續強化優勢。

我在每年球季結束以後，我父親會陪我自主打擊訓練，他會拋球給我打，其中就有用大顆壘球讓我擊打「加重球」的訓練。

加重球打擊，是為了讓我強化在擊球瞬間「手腕加壓」的感覺，因為手腕技巧的運用本來就是我的強項，當碰到球質變重，在每次擊球時我的手腕感知到以後，都要能自然施以加壓運動，才能把重球擊打得更好。這樣的訓練，是為了讓我適應不同投手的球質，當

我在擊中球時，不管對手球質多重，我都能像呼吸般自然的加壓手腕的反饋力量，把來球打得更紮實！

「天下武功，唯快不破！」因應我的打擊型態，我特別需要強調「揮棒速度」的維持，所以平常我父親拋球在九宮格的四、五、六號中間地帶，用拋快球的方式讓我持續練習快速連打，就是為了維持我的揮棒速度。

而我與林仲秋前輩的自主訓練也是，除了拋快球連打以外，他的拋球位置會放在九宮格一、二、三號的高位，除了讓我持續維持揮棒速度，也是鍛鍊我應對高球時的自然擊球反應。

各派訓練的初衷都是美好的，但不見得適用每個人

職棒球員年復一年、日復一日的訓練和比賽，為的就是累積身體的肌肉記憶，讓其深

植於個人機體深處，成為呼吸般自然反應的技能，每個球員都像一台電腦，平常的鍛鍊就像在灌入程式，當碰到球場上的狀況來臨時，已輸入程式的機體就會按照慣性指令去自然應對。

為什麼打擊這項運動非常困難？因為每個選手的身體機制、肌肉狀況和發力點都不一樣，球員的肌肉非常敏感，這也是為什麼如果選手打得好好的，正常的教練通常不會隨意去改動選手的緣故，因為你不知道改動這個東西會不會牽一髮而動全身，改動後續產生的連鎖反應，很難保證是好還是壞。

某年春訓時，從國外進修回來的教練曾經移植他在赴美時學習到的某種訓練模式，讓我們坐在有滾輪但無椅背的旋轉椅上坐著練習揮棒，我們不知道原理是什麼，但想說這是人家從國外留學帶回來的，練練應該也沒有壞處，沒想到我的打擊機制卻因此在春訓階段大亂，進入該球季上半季尾聲，我的打擊率居然在一成左右徘徊！當時還被球迷們在網路上戲稱為「林一成」。

我發覺事態嚴重，於是下半季我去請外籍打擊教練幫助我做調整修正，他告訴我：「你不用心急，你是一個長年有成績的好打者，一時的失調在美國並不是太大的問題，總之心態上先不要過度著急，才不會慌了手腳。」

透過他的幫助和調整，我的打擊慢慢回歸原先的機制，我才在下半季狂拉尾盤回到高點，最後仍能以單季三成以上的打擊率坐收。

另外有一個案例，是我最初嘗試接受重訓時，當時的訓練師帶著我到山上，要我在斜坡上練習揮棒，上坡練揮棒、下坡也練揮棒，過沒幾天又帶我去練泰拳和拳擊，幾天後又帶我去騎腳踏車……總而言之訓練內容讓人目不暇給，十八般武藝樣樣都來，但我練得摸不著頭腦，學而不知其所以然，所以很快結束了與這位教練的合作。

近年我接觸運動科技以後事後回憶，其實這些鍛鍊都是有用意的，像是練斜坡揮棒，是為了練習揮棒時保持重心平衡，並且利用地心引力來增加身體的自然負重、鍛鍊核心肌群，而練習泰拳和拳擊則是為了增加敏捷度，但當時除了盲目練習以外，我和教練並沒有溝通到這些訓練項目的用意為何，所以少了持之以恆的動力。

分享這些經歷是想告訴大家，其實不管採用哪種訓練派別，教練的出發點都是為了幫助選手，不會有教練無聊到拿自己的飯碗開玩笑，故意想害選手表現不好。

但知識本身是好的，立意也是良善的，卻不見得同一套訓練理論和模式都能套用在每一位選手身上！盲目移植、無差別地讓每位選手都做相同的新式訓練，最後可能會適得其反。

另外，訓練各分科項目，授業者除了自己知道理論，也要試著與學生有效溝通，讓他們能知道訓練此項目的用意是什麼？傳道、授業，同時也一定要解惑，師生溝通順暢，才能讓選手發現自己球風的長處、練習時會有什麼不同需求？這就是客製化訓練菜單的製作起點，唯有順暢溝通、按適性鍛鍊，才能讓練習事半功倍。

大環境觀念要變，教練團才有持續進步的動力

我在職棒生涯十六年的資歷中，合作超過十五位總教練，以及他們所帶來的無數教練

團成員和訓練模式，認真回想起來，我算是對於新環境和新團隊適應力很強的球員了。

近年我發現在二軍教練團中會出現一些狀況，就是教練本身如果在選手時期成績沒有很好，他們往往不太敢去指導那些現役成績比他好很多的選手，導致於有戰功的球員低潮下二軍時得不太到什麼實質建議，只能靠自己的力量調整到位，在教練資源的運用和選手調整的效率上顯得有點可惜。

我覺得就算球員時代不是頂尖選手，仍然可以投資自己，不斷學習進修和積累實務經驗，讓自己精進到足以對優秀選手提供建議、幫他們突破瓶頸的狀態，知識學理和實戰運用的經驗日漸豐富，即使過去現役時期的個人成績不彰，仍然可以成為讓資深球員信服的好教練。

在台灣目前的環境趨勢下，大多數二軍教練比較缺乏進修的意願、動力和資源，主要原因在於球團的目光還是會聚焦在球員身上，教練團成員的自主進修意願是否被球團看重是關鍵，如果球團會因為教練有進修的積極度，願意挹注投資，讓教練的待遇和知識水準獲得提升，或許會讓各分科教練及二軍教練團成員們更願意如現役選手般有持續精進自己的動力，這對於整個職棒環境的進步都是正向循環。

這也是為什麼我認為像我們這樣的高薪選手，在現役時代就要開始養成求新求變的習慣，因為在教練團比較不會去干涉、指導資深選手的狀況下，資深球員必須要利用自己的高薪和長年累積的人脈資源來投資自己，才能持續吸收對延續生涯有幫助的新理論，無論是為了選手生涯的延續還是為將來擔任教職預先鋪路，都是需要在現役時期就建立起的觀念與習慣。

站上打擊區以後，打者只能靠自己

投手丘雖然被人比喻為「孤獨堡壘」，但是投手在場上還有捕手搭檔及身後的隊友守備可以依靠；而做為打者，無論今天的狀況如何，真正踏上打擊區以後，遇上任何困境都沒人能伸出援手，只能靠自己的力量去克服。

在我漫長的職棒歲月中，很多次看到打者低潮，上了場以後對手每投完一顆球他就看一下休息區，表情缺乏自信、打到懷疑人生，但他自己也知道，休息區在當下根本不可能給他任何幫助，他的行為純粹就是在察言觀色，解讀教練內心對自己有什麼想法而已。

碰到自己沒先發時，我會坐在教練團旁邊看比賽，我看到有些年輕選手揮棒落空遭到三振以後，眼神就往教練團的方向游移，有時正好看到教練團在閒聊，但聊天內容可能只是在討論：「比賽結束以後要吃什麼？」有時是在討論：「待會要下什麼戰術？」被三振的年輕球員看到教練們在竊竊私語，內心馬上就慌亂了起來，但其實教練談話的內容根本就沒有提到他。

有時候年輕選手打擊結果不好，進到休息區後面色凝重，我上前去言語關心，結果他說：「剛剛沒有打好，感覺教練好像在說我些什麼欸……」

我跟他說：「你想太多了，他們剛剛只是在討論戰術而已。」

但在那個情緒下，該選手根本不相信，他先入為主的認為教練已經盯上他了，然後說：「我早就知道教練看我不爽了。」

不管身處在哪個時代或是在哪支球隊，正在爭取先發機會的年輕選手很容易像這樣患得患失，有時候我去關心表現不好的年輕人，他們都常常會問：「教練剛剛在說我什麼？」

這方面跟總教練的人格特質、帶兵模式，以及球隊間的溝通順暢度有關，如果是跟選手溝通非常順暢的教練，就比較不會產生這種狀況，像是過去統一獅隊三連霸時期的呂文生總教練就是這種跟球員交心、彼此相互猜疑狀況較少的教練，但具備這種特質的總教練真的少之又少。

要減少上、下交相猜疑的狀況，徐生明總教練和洪一中總教練另有一套極端的帶兵模式也能辦到。他們治軍的風格都很嚴厲，當你真的表現不好的時候，他們的一個表情、一個眼神，像閃電般射向你的時候，你就會知道他很明確是在看你，沒有曖昧空間和其餘解讀，他就是因為你當下表現不好正在針對你！這樣的方式也是直接了當，他們就是要讓選手知道：「我不滿意你的地方就是這個，下一次你徹底改進就好。」這也是教練跟球員不會相互猜心，造成不必要誤解的另一種模式。

最麻煩的其實是那種面對選手犯錯時，態度曖昧、模擬兩可的教練，明明心中在意的要命，但表面上硬是不發作出來，甚至球員犯錯走下場時還給予口頭安慰，但是隔天就讓他坐板凳、兩天以後就下放二軍，這種對於球員犯錯時表達態度較為曖昧的治軍風格，反而容易讓選手徒花精神在揣摩上意，真正的心力都沒有放在缺失改進上。

這種相互猜心的行為，是自上而下長久以來形成的風氣，有些選手在心態上沒有做好準備，上了打擊區以後覺得沒自信時就看看休息區；守備的時候也是如此，當守備失誤時看教練的表情也就算了，有時候明明已經把一個守備處理得非常完美了，還是習慣性要看一下教練的表情！？實在是令人不解。

這樣的行為對自己是沒有任何幫助的，選手上了場以後就是要靠自己堅強振作，看教練的臉色不會得到助益，這不過就是猜測教練當時的心情而已，長此以往就是讓自己打球時戰戰兢兢、如履薄冰，本來想讓教練團留下好印象藉此站穩先發，結果適得其反讓教練認定這種選手上了場無法獨當一面。

選手要為自己的決定負責

當野手碰到觸身球、自打球，或是攻守時感覺身體不太舒服，防護員和總教練都會上場關切選手，除非是那種必然要緊急退場的傷勢，不然若是處在可以繼續比賽的狀況下，就需要選手、防護員和總教練的意見交流後決定是否退場。

當防護員認為選手再拚下去受重傷的風險很高，建議總教練換人時，這個時候總教練會問選手：「你覺得可不可以繼續打？」選手這個時候如果想要繼續拚但防護員不建議時，總教練就必須要下決斷，但只要選手堅持自己能打，總教練通常都會力挺選手的決定。

做為職業球員，在那當下如果決定要續戰，我個人認為就應當要拚戰到比賽結束！

我曾經看過不少案例，是防護員建議選手退場，結果選手自己要拚，當總教練力挺選手做了不換人的決定後，過沒兩、三局該選手又反應自己的身體狀況沒辦法繼續比賽，甚

至進一步檢查後發現傷勢有加劇的情況。

如此一來，選手的堅持雖然是鬥志的展現，但卻陷總教練於尷尬的處境，因為他無視防護員的專業建議決定力挺選手，反而為球隊帶來更不利的後果，對團隊士氣、戰力規劃和球迷觀感都會造成負面影響。

我在選手生涯遇上觸身球時，通常就是按照防護員建議直接退場，若是攻、守間偶有身體微恙，我若反應要繼續

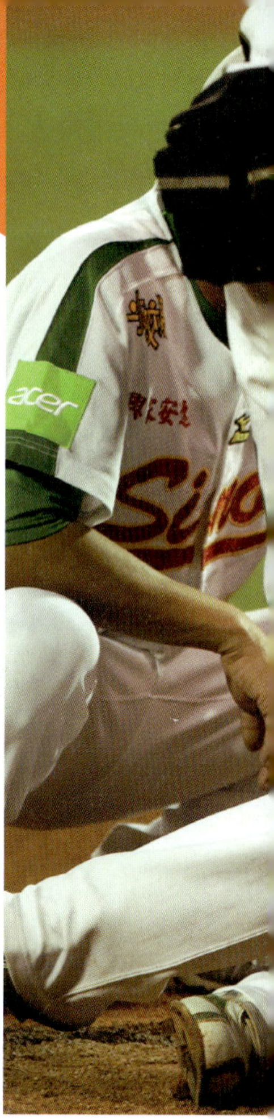

打，都是自信能夠打完全場，而最後我也會堅持到比賽結束，不讓力挺我而做決策的總教練為難。

尋找新鮮感，擊退職業倦怠感

把興趣拿來當賺錢養家的職業，會面臨到最大的挑戰就是，再怎麼喜歡的工作內容都會讓人產生倦怠感。

以職棒球員來說，我必須日復一日、年復一年的重複以下作息：從春訓、開季、例行練球，再迎接一年一百二十場的例行賽，期間維持著例行練習和自主訓練，如果有季後賽、國際賽、交流賽，比賽的場數還會增加，球季結束後休息一陣子，接下來就是展開秋訓、自主訓練還有春訓，春訓結束以後，馬上就是新一個賽季的開始，我就是這樣循環反覆的過了十七年，要說沒有職業倦怠感是不太可能的事情。

職業倦怠感可能會無預警像雪崩般在內心湧現，要擊敗倦怠，我靠的是兩個人的提醒，一個是新人年我在羅東球場失誤後，當天叫我立正站好對我施行震撼教育的徐生明總教練：「不管以後球場裡有四萬名還是一個球迷，你都要有職業等級的表現，為了買票進場的球迷，你一定要做到這件事，不管打多久的職棒，你都不能厭倦。」

每當倦怠感來襲時，我第一時間就會想到徐總當年的耳提面命。

另一位提醒我的人，就是我太太林家嘉，我要再次強調，她對我職業生涯的幫助真的是方方面面，關於職業倦怠這件事，她曾經提醒過我：「你領這麼高的薪水，就不能對不起這些看你打球的球迷，也不能辜負公司對你的期待，你要不斷地鞭策自己，設法讓自己更進步。」

我就是在她的督促下，開始嘗試學習新知，並且從中發掘樂趣。運動科學就是我在探究職棒生涯後期如何求取更好表現的同時，所發掘出來的新鮮事物。

科學訓練方式每年都在更新，而國內運科公司引進可測量身體數值的儀器愈來愈多、可偵測的項目愈來愈龐雜，光是做檢測、分析結果，以及和專業人員探討數字反應的結果如何運用在練習和實戰，過程就已經能激發出許多新鮮感。

我所嘗試做的事情愈多，拓展的專業人脈也更廣，像我在與本書共同作者子傑訪談的過程中，我赫然發現自己在職棒生涯中很少有自打球的出現；即使有也都不是傷筋動骨的強力直擊，而同為左打者，林安可的自打球出現機率就比我高，而且常常會重擊到沒有護具保護之處。

我們因此開始探究起「自打球狀況跟打擊機制間的關聯性」，也認為有一天或許在運動科學知識中我們可以找到答案，進而幫助選手調整，減少受自打球傷害的機率。

這樣的研究對我來說是有趣的，當內心湧現新鮮感和求知欲時，職業倦怠這個感受就被拋到腦後去了。

不諱言地說，最開始我曾經很排斥運動科技檢測，因為當自己打了十年以上的職棒，成為業界公認的好打者，如今卻有人要用儀器來檢證我的打擊有沒有問題？受測前，我難免會擔心檢測的數字結果顯示我其實不是一個好打者，也擔心這樣的檢測數據會影響教練日後對我的評價，因此先入為主就有排斥感。

但到後來我用運科檢測出了自己有效擊球的比例，以及要提升有效擊球必須微調的地方以後，我運用到實戰中獲得了成效，因此讓我對運動科學具備信心，在打職棒十餘年後，是運動科學幫助我了解自己不足的地方，讓我可以花更少時間達到更好的運動表現，所以我現在一反當初排斥的態度，為了投資自己，只要運動科學有新的檢測項目，我就會想要率先檢測。

用頭腦搭配技術，讓投捕一籌莫展

棒球的投打對決是投手與打者鬥智鬥力的結果，像武士瞬間拔刀制敵、講求一擊必殺的居合術；也類似比拔槍速度、射擊精準度的西部牛仔決鬥，三發子彈決生死，像極了棒球的三顆好球決勝負。

要嘛快！要嘛敗！要當一個好打者，研究對手專長、牽動投捕心態，才能百戰不殆。

我職棒生涯很長的一段時間是處在中職還沒有引進投打計時機制的年代，對決期間打者可以喊暫停，跳出打擊框幫球棒噴膠，或整理打擊區、調整護具和頭盔，種種舉動其實除了幫助自己冷靜思考，有時候也是為了擾亂投捕節奏和思緒，這也是心理戰。當我用這些方式去影響對手時，某些投捕搭檔還真的會想太多：「是不是我們的想法被他猜到了？」結果他們改變配球，反而正如我所願。

但是平心而論，我的個性不屬於靈巧機變、擅長臨場運用策略誘騙對手上鉤的打者，我只是做足情蒐功課以後，在實戰中驗證對手的想法是不是如我預期而已，我比較少用引誘對手投出我想打的球的方式獲取成功。

但我見證過很多比我更聰明的打者，他們可以一步步布局，誘導投手咬住他撒下的餌，投出他想要的那顆球給他打，像是大聯盟傳奇巨砲、後來曾經在義大犀牛跟我當過隊友的曼尼（Manny Ramírez）就是其中的佼佼者！

曼尼來台灣打球的那一年，他觀察和誘導投手的技巧讓我獲益良多，他是一個非常聰明的打者，擅長引誘投捕手投出他想要打的球。我記得二〇一三年六月，我們在新莊有一場對戰兄弟的比賽，當天兄弟的先發投手是增菘瑋，這場比賽之前曼尼正面臨全壘打乾旱期，媒體也針對這一點持續報導。

當天賽前練習時，曼尼透過翻譯和記者閒聊。

記者馬上提到：「你好幾場沒開轟了吧？」

他回答：「那又怎麼樣？」

接著他預告：「對今天這個先發投手，我在第二打席就會打他全壘打！」

大家對他的全壘打預告半信半疑，但是他很有自信的說：「我可以引誘他投出讓我打全壘打的球。」

比賽開始後，擔任第四棒的曼尼，面對增菘瑋的第一個打席沒有打好結果出局，當天打序就排在他下一棒的我，在準備區觀察時覺得很奇怪：「他為什麼一直在揮他不應該出手打的球，而且還沒打好？」

結果因為第一個打席的結果，讓投捕手認為曼尼今天的狀況比預期的更差，第二個打席他們放鬆了戒心，丟出一顆讓他上個打席揮空的球路，結果這顆球正是曼尼鎖定要打的球，這一次他毫不客氣，一棒把球扛出全壘打大牆之外！

排在第五棒的我，緊接著在曼尼開轟以後上場，他跟我擊掌時低聲告訴我：「打變化球。」

我心裡疑惑地想：「增菘瑋又不是只有一種變化球」，但我站上打擊區時隨即想到，投手礙於曼尼的威名不太會給他直球打，所以曼尼利用第一個打席示弱誘敵，同時觀察對方的變化球品質，果然發現增菘瑋當天變化球的狀況並不好，於是我也鎖定投手的變化球，果然也敲出了全壘打，締造跟曼尼同場背靠背（back to back）連棒開轟的紀錄！

這次的經驗告訴我，能在大聯盟打出五百五十五支全壘打的強打者真的不是浪得虛名！

另一個擅長誘導投手上鉤的聰明打者也是我的隊友，他就是胡金龍。

他有時首打席首球會出現很誇張的揮空，但其實他就是在設定要打這顆球，只是先故意假裝打不到，揮空以後表情還會顯得自己對這顆球一籌莫展的懊惱模樣，當投手要丟決勝球又故技重施時，就會被他重重狙擊。

我曾經想過模仿他們的模式去誘敵，但即使我採用誘敵戰術成功，對手投出我鎖定要

Rhinos
Rhinos
99
99
TPX
中化製藥
蕾絲床墊
restonic

打的球時，我反而有高機率因為見獵心喜失去平常心，結果失手沒打好，這跟打者天生的個性有關。

很會玩球、擅長誘敵的老球皮們就是能把這套戲法操作的爐火純青，當大魚咬餌上鉤時，他們都能以極高的掌握度順利收網。

而我的個性似乎更適合直來直往，依據情蒐和臨場發揮，把難打的球照自己的設定規劃去打好，我誘騙敵手的經驗不夠豐富，偶一為之的「詐騙成功」，結果自己太興奮導致用力過猛，反而容易揮棒落空，這是天性使然，實在勉強不來。

與投捕之間的鬥智，比賽前一晚就開始了

現在的職棒打者一定要善用情蒐資料和數據，明天如果會先發，前一天就要做好對戰投手的功課，投打對決的前哨戰，其實在比賽前一天晚上就已經開始了。

打擊是一項很困難的運動，要能長年維持三成以上的打擊率，在踏上打擊區前，事先要做的功課、擬定的策略真的很多。

假如明天我要先發出賽，前一天晚上我就會在球隊群組內收到情蒐部門發來的資料，內容會提到明日的先發投手是誰、會看到他前一次對戰到我的數據；除了先發投手，情蒐人員也能做到預測對方的先發陣容、搭配的捕手可能是誰、還有這對投捕近期的配球模式，這些資料我們都會提前收到。

假設明天我要對上某位先發投手，上次他的先發結果、當時搭配的捕手、對戰哪支球隊等資料也都會收到，然後我會去看他前一場出賽的影片；在看比賽的同時，我也會設定自己明天在球隊出賽的角色，例如：我是中心打者嗎？還是安排在五至七棒？

假設我是第七棒，我會去看該投手前一場先發對戰五到七棒的配球模式，再看當他面對不同局數、不同比分、不同球數、壘上有無跑者時，再對到這些棒次時的配球模式有什麼改變，讓自己腦內先有個輪廓。

由於球隊間都會相互研究彼此近期的後援投手消耗量，所以我們也會知道在明日先發投手退場以後，接替登板的主力後援投手可能會是哪些人，於是我同樣也會再增加研究這些牛棚投手對戰我所在棒次時的一些配球策略。

到比賽當日，從起床吃完早餐開始，開車至球場，我的身心就已經逐漸進入備戰狀態，進入球場以後一樣先從暖身、伸展、活化身體開始，然後進行打擊練習，在團隊訓練以後，再參與賽前團隊會議，模擬晚間比賽的策略。

選手的身體就像一部精密儀器，在比賽開始前，其實從伸展、活化身體和打擊訓練的過程，我大概就可以知道今天自己的身體狀況和擊球品質如何，有沒有達到我日常平均的標準。

如果有？那很好，我可以按照我昨晚做的功課依計行事，但如果賽前有什麼突發狀況影響了我的練習節奏，例如賽前參加行銷活動，少掉了一些訓練量，或是參與簽名會和粉絲互動，少掉了訓練後身體的休息時間，有這種特殊狀況時就要趕快修正應變，盡可能在賽前把身心調整到日常賽前的理想狀態。

在比賽開始後，我跟先發投手的初次對決就是我的驗證時刻，當打完第一個打席，我大概就知道他今天的配球與我昨晚研究的功課有沒有落差，如果如我預期那就按計畫進行，如果有出入，就再觀察調整。

對戰歷史數據不利？別多想，有選擇性的球來就打！

我的職棒生涯面對過無數投手，有些球速超快、有些球速極慢、有些是出手方式特異，總之讓我打起來彆扭的投手也不少。

年資較長的打者，一定會在聯盟累積很多對戰歷史數據，這些數據和腦內記憶會讓選手在沒上場前就下意識感到煩躁，心想：「今天又要碰到這個我打不好的投手了。」如果一直帶著這個心情去打擊，上場以後十之八九會打不好。

不管是數據顯示，還是腦內印象，有些對手似乎常讓自己打不好，這種情況容易讓打者帶著煩惱的思緒站上打擊區，當對戰數據不站在自己這邊時，如何調適心態，才不會未戰就先落居下風呢？

這種問題的突破口同樣是要介入心理層面，因為其實不是你真的打不到，是「自己覺得」打不到，被自己搞到心態，上場時帶了過多雜念，出手就會比平常急躁，球路辨識度也會變差，如果連選球都沒辦法好好做，打擊結果自然不會太好。

後來面對這類投手，我和家嘉討論後的結論是：「既然以前打不好，那上了打擊區就不要多想，球來就打！」

這裡講的「球來就打」，並不是亂揮一通，而是仍要事先研究這位投手的直球和變化球比例、會進入好球帶的比例，假設他的直球使用率高達六成，變化球的比例只有四成，而且變化球進到好球帶的比例相對較低，那就可以選擇放掉變化球，針對直球來選球與攻擊。

當然，情蒐直球、變化球比例的數據要能採用，也要因應對手和你自己當天的身體狀況而定，假設你那天身體狀況佳，揮棒速度夠快，那就可以維持既定的策略打直球；如果對手當天的直球控球不好，因而降低了使用比例，那你就可以加強選球，或是視對手當時的變化球品質，決定是否改變要攻擊的球種，要會看狀況隨機應變，不需要死守著既定策略不放。

總而言之，面對過去打不好的投手，上場前照樣要做好例行情蒐，但上了場以後就屏除雜念，不要再去想你「打不好這個投手」的事，選擇你事先研究過他高比例會使用的球種「球來就打」，別再多想了！

賽前碰到狀況不好時的應變措施

前面說過，在比賽開始前的活化身體和打擊訓練以後，我就概略知道今天的身體與擊球狀況如何，如果狀況不好，沒有達到我日常出賽的平均標準要怎麼辦？我跟家嘉也討論過這一點，並且研究出相應對的方式。

如果我賽前發現自己狀況不好，我會馬上打電話跟家嘉說，這時候她會兼任訓練師和心理諮商師的角色告訴我：「這種狀況下不用多想，身體狀況不好不見得打擊表現就一定糟糕，反而在這種狀況時你不會過於浮躁，更容易保持平常心，反而可能收到好的結果。」即使解讀為心理安慰也好，經過她的開導之後，我發現結果確實如此。

還沒認識家嘉以前，我在賽前自覺狀況不佳時就會情緒低落，結果帶著負面情緒上場更容易打不好；經過她提點以後，如果碰到身體狀況不好，就保持平常心順其自然打擊，有時候打擊結果卻出乎預料的好。

反倒是有時我賽前自覺狀況絕佳，打擊練習時好幾次把球轟出大牆，我打電話跟家嘉分享時，她反而會幫過度亢奮的我收一下韁繩，把我拉回來，因為這種狀況下我常常會過度意識到「我今天狀況很好」，實戰時揮棒會太過出力，應該要打好的球反而因此掌握度降低，過猶不及。

每場比賽完成賽前訓練以後，我養成習慣先與家嘉通電話分享當日自身的感覺，這已經成為我的賽前固定儀式，這通電話的作用就是幫助我，無論自覺狀況好壞，都能「不以狀況差而悲、不以狀況好而喜」，把心境拉回中庸的水平線，這樣會讓我有種安定感，用平常心面對即將開始的比賽。

關於選手賽前儀式的新鮮事

職棒選手為了長時間維持好表現，賽前除了身體和技術的準備外，求取心靈面的慰藉也是很重要的過程，像上述提到，我會在賽前打電話給家嘉平息內心雜念，這就是我的賽前儀式，而我在漫長的職棒生涯中，也見證過無數選手千奇百怪的賽前相關儀式、禁忌，還有不可或缺的幸運物。

有些選手他們在賽前絕對不允許被打擾，像是接受訪談、參與粉絲見面會或是與開球嘉賓互動，這些活動他們一概禮貌謝絕。

有些先發投手，在表定先發當日的賽前是不會幫球迷簽名的，這應該是有怕拐到自己手氣的禁忌；又有些先發投手的禁忌是賽前不與球迷接觸，尤其不會擊掌；另外也有很多選手不喜歡在賽前跟人群有身體接觸，至於選手中有自己的球具不能被他人碰觸的禁忌者，那就多到數不勝數了。

有些洋將賽前習慣禱告，有些選手則是習慣賽前戴著耳機把音樂開到超大聲不跟旁人對話，這些都是選手個人進行冥想、靜心所需的儀式，知道彼此有哪些禁忌或習慣以後，旁人也都會予以尊重。

另外像是尋求宗教信仰的力量、帶著宗教信物到球場來求取平安、幸運庇護的範例也有很多，像我就看過選手在球棒袋裡放著從王爺廟求來的法器七星劍的，也看過在裝備袋上貼符咒的，還有在更衣室換衣服時才能注意到隊友在腰際上綁著廟裡求來讓運勢更好的紅線的……等等。其實與信仰相關的法器信物我自己也有攜帶，因為我有在拜濟公求好運，所以我有求得祂賜給我一面法扇，我也都習慣放在我的球袋裡面求好運、保平安。

洋將的迷信與依賴的幸運物比起本土選手也不惶多讓，像是羅力，只要是在連勝期間他的球帽是從來不洗的！還有曼尼，他來台灣打球那一年，我看過他一些很在意的隨身物品，像是他著用多年的滑壘褲和打擊手套，即使已經很破舊了，他還是選擇繼續使用，他認為就是這些陪伴他征戰多年的物品讓他能夠打出這麼豐碩的成果，所以不管到哪裡打球他一定隨身攜帶。

尤其是那件滑壘褲，我記得有一回賽後，曼尼把那件滑壘褲隨著全隊的隊服一起送洗，結果隔天工作人員沒來得及送回球場，他當時就像小朋友沒有自己習慣味道的小棉被會睡不著覺一樣急得直跳腳，他說：「如果沒有那件滑壘褲，今天晚上的比賽我就不想打了！」

關於戰術討論的時機點

我曾聽統一獅隊的高國慶學長分享過，從前獅隊在「飛總」呂文生總教練執教的年代，他會在賽前跟選手佈達：「教練團在比賽的前五局都不會下達任何戰術。」

飛總的理念是希望讓選手臨場發揮，讓球員們學會「怎麼玩球」。即使進入到比賽後段偶有因賽況需求要下達戰術，但若是輪到特定幾位主力選手打擊，他仍然不會給予任何戰術指令，那些核心球員也很清楚教練團對自己的信任：「教練相信我的能力和判斷，我就隨機應變、自由發揮，把我的長處發揮出來！」

國慶學長說，當年飛總並非只在球隊順暢的連勝時期才會採取這種自由奔放的管理模式，即使球隊低潮、需要中止連敗，或是賽況膠著的比賽忽然出現贏球的契機時，飛總也不會為了「想贏」而改變作風，他仍會堅守讓球員在前五局自由發揮的承諾，有時候甚至是在七局前他都不會有任何戰術指令。

在那個各隊先發打線除非受傷不然幾乎不太輪替的年代，統一獅隊的球員因為棒次固定、球風開放，所以主力棒次間的互動溝通及玩球默契都非常良好，直到後來飛總離職、換上日本教練以後，這種自由開放的球風才又為之丕變，畢竟在台灣，像飛總這種執教風格的總教練還是少之又少。

在比賽期間，打者或多或少都會接收到教練團下達的戰術指令，無論是身在場上的執行者、還是在板凳席間待命的旁觀者，思維較細膩的選手總是不斷在感受比賽氣氛、解讀戰局變化，所以腦內會產生「此時下這個戰術的必要性」是很自然的思考脈絡。

有時選手腦內想著：「這時候該下戰術了」，跟教練實際的做法正好不謀而合；但難免也會碰到教練下達戰術指令，但選手內心卻持相反意見的情況，相信球員處在比賽高張力中，每個時間點教練團所做的決定，大家都會有想要討論的想法。

我個人覺得「戰術下達時機」這個議題討論，其實對於培養團隊默契是件好事，而且我認為這類討論其實可以更開放、更制度化地納入賽前會議的議程，因為目前職棒各球隊普遍較缺乏對戰術細節討論的氛圍，選手有時收到戰術指令會心存疑慮，導致戰術執行得不夠確實，而戰術一旦失敗，教練團又要背負罵名，對執行失敗選手的能力也會產生質疑，其實對於教練和選手而言都不是好事。

以前也曾經碰過球隊近況不佳，戰績處於連敗時，教練團會對球隊下達群體攻擊指令如「第一顆球不要打」的限制，有時即使教練沒有明言，也會透過高層長官集合精神講話時傳達類似的意思，例如：「球隊目前有點小低潮，大家的攻擊不要太過積極，要更仔細選球」云云……其實就是間接傳達教練團的指令，結果因為群體攻擊設限又缺乏彈性，當實戰時碰到積極搶好球數的投捕搭檔，整場比賽的主導權都被對手掌控，打起球來反而更綁手綁腳。

又一個案例就是下「打跑戰術」的時機，以球員的認知，如果要下這類戰術通常會在該打席前一兩球就讓選手執行，像在投手投出第一顆球、或在零好球一壞球的球數時就快速執行，通常前幾顆球下打跑戰術，執行成功率會比較高。

但有些教練往往會到兩好球後才下戰術，當打者球數陷入落後、最難執行的時候才收到戰術指令，時機點慢一、兩拍的狀況讓選手感到困惑，球數局面本來就已經對打者相當不利，打者心裡又對戰術產生質疑，執行成功率當然會大幅降低，本來下達打跑戰術是為了避免雙殺，結果往往適得其反，一次戰術把打者和跑者一起變出局的狀況所在多有。

教練團在某個戰況下達某個戰術，關於戰術的細節、下達指令的時機、選手執行的成敗，球員內心可能會有意見想要反應，這部分我認為新時代的教練團可以更開明一些，例如在隔天賽前會議流程中規劃一段固定時間，開放團隊討論昨日的戰術執行案例，透過溝通，教練和選手會更明白彼此的想法，對下達時機的緣由有了共識，日後選手再收到指令時執行就會更果決，成功率也會隨之提升，至少我個人是這麼認為。

但也必須特別強調，選手在比賽當下收到戰術指令時，一定要服從教練團命令執行，比賽進行間不要找教練討論或提出質疑，因為賽況是持續在變動的，選手當下就急著找教練討論，只會干擾教練團臨場運作，影響整體戰局，選手要認清這是「戰爭時期」，對指揮官的命令就是唯有「服從」一途，待比賽結束後再來找時機討論，才會是比較恰當的作法。

不管選手是要正常打擊還是執行戰術，在還沒正式上場前，先觀察隊友的打擊狀況和結果，對自己上場時提昇掌握度是很有幫助的。

我的習慣是，當隊友在場上打擊時我會從旁觀察，並且揣摩「如果是我在這個情境下，投捕手對我的配球會是怎樣？教練團對我的要求可能又會是什麼？」

從第一局開始從旁觀察，腦內同步模擬，每次輪到球隊攻擊時持續這樣運作，到比賽進入後段戰時，自己對局勢的掌握度就會提升，不敢說上場執行指令百分百可以成功，但至少會比腦袋空空、什麼都不想就上場打更為得心應手。

賽後的檢討不可少

從開始打職棒起，每場比賽結束後我就有開當日檢討會的習慣，我會趁著記憶猶新，回想今天對手的配球、自己的打擊策略，有沒有按照賽前我預設的在走？如果有，那對手投出我要的球路，我的擊球內容是有掌握到？還是有得到想打的球卻沒打好？而我當時會失打的原因又是什麼？抓出個人比賽的細節，維持自己做得很好的部分，並一一修正自己做得不夠好的部分。

以前的檢討會是我跟我父親一起進行，結婚以後我老婆也加入了會議陣容，畢竟他們是透過電視機看比賽，從轉播畫面可以觀察到更多我在現場看不到的角度。

我們在社群開了一個群組，方便我們無論身在何處都能即時討論，在比賽結束以後我們會在群組用文字溝通，當我狀況好的時候，檢討會大概會在三到五分鐘內結束。

線上開比賽檢討會其實很有趣，有時候家人感覺我近期有低潮的徵兆，但我自己感覺沒有，後續比賽我若是打得很好，檢討會上的話語權就會掌握在我這裡；但如果過一兩場後我真的打不好，會議的話語權又會回到我父親和太太那邊，如果一個月內碰到我狀況起伏不定，群組裡檢討的發言權就會反反覆覆的轉來轉去。

有一次讓我印象十分深刻，在比賽還沒開打前，我爸爸覺得我當天狀況不太好，於是他在群組內建議我做一些微調，但我在比賽時沒有理會他的建議，照常用原本的方式去打，結果真的打不出安打，賽後我老爸就氣噗噗了，接連一兩天對我的訊息已讀不回。

這個群組對我來說，除了達到複習比賽和快速調整的目的外，我覺得更重要的是給我內心的「安定感」，讓我即使身在球場，仍然感覺得到關心我的家人一直在背後做我的後盾，當我踏上打擊區的征途時我不是孤獨一人。

抱持開放的心態，試著主動詢問教練的建議吧

在中華職棒打了十六年，我合作過的總教練數量也差不多等於我的年資數，其中有超級大牌的知名主帥、有選手時代是戰功彪炳的超級巨星、也有現役時期名氣和成績都較為普通者……總之各類型的教練我都合作過，不管是哪種類型的教練我對他都會很尊重；偶爾聽到球員在背後對教練竊竊私語時，我也不會附和隊友一起對教練做批判，因為無論好壞，在球場上他就是我的長官。

但基於個性、加上內心偶爾會預設立場的習慣，如果碰到我覺得磁場和 TONE 調跟我比較不搭的教練，我比較難以主動積極去跟對方互動或請教；像我在剛與洪一中總教練共事的時候，我心裡想，洪總在現役期間不是長程型打者，也不是高打擊率球員，而且從他

的練球模式，感覺到他是很「old school」（老派）風格的總教練，我本來一直覺得跟他聊天應該不會激發出什麼靈感和火花。

後來家嘉勸我必須改變這個習慣，她說：「球員一定會有當局者迷的狀況，先不要預設立場，當你有瓶頸和低潮的時候，真的可以主動去跟教練聊聊，說不定會有意想不到的收穫。」

後來我聽取建議，跟洪總聊到我覺得自己「最近擊球有點卡卡的」，他反饋他的想法，他說他觀察到我這段期間忽略了一些打擊機制，像是我原本順暢的出棒節奏可能是「一、二、三」，但他感覺我最近只做到「一、二」就出棒了，所以才會打得不順，或許只是基本動作跑掉，只要把這套基本動作重新再做好，就可以調回順暢的擊球感覺了。

另外，我在富邦被下放二軍的時候，也常常會猶豫要如何去請教當時擔任二軍主帥的陳金鋒總教練，因為過去我就常耳聞他的教學內容「很抽象、很難懂」，所以即使碰上瓶頸，我也會遲疑到底要不要主動去請教他。

後來跟鋒總相處久了我才大概知道他的風格，他是一個需要懂他「棒球語言」的人來幫忙把教學內容翻譯成「一般球員能夠理解的語言」的總教練，只要你能聽懂他真正要表達的話，就會對你很有幫助。

舉例來說，鋒總曾經在國輝低潮時跟他提點：「你就『球來就打』！」這種建議在一般人聽起來很像廢話，但他其實是要跟國輝強調：「你太容易鑽牛角尖了，低潮的時候你站上打擊區的雜念太多，要改變這個狀況，就是打擊當下不要再想那麼多，設定你要的球，球來了就打，就這麼簡單而已！」

我在二軍的時候，鋒總跟我說他感覺我「好像要把球打爆一樣」，後來我才明白他的意思是指：「你擊球時的身體太過僵硬，用力過猛，導致以前柔軟的擊球感消失了，只要找回來狀況就能調整好。」

這幾年我更常從旁觀察，我發現總教練這個職位的忙碌程度非比尋常，當一個總教練，必須要 Hold 住整個教練團的運作，讓各分部教練的職掌工作能夠順利進行，所以總教練要考慮的範圍很廣、事務也非常多，很少有總教練是會主動跟每個選手都進行互動的。（喔，但徐生明總教練是我所知的例外，因為我很確定他的每個子弟兵都有進去過小房間跟他單獨聊過天，無論是談心還是震撼教育……）

當總教練無暇顧及所有選手的狀況時，選手自己要敞開心胸，主動去跟總教練請益，我也是在改變「容易對溝通卻步」的行為模式後才發現，抱持開放的心態去請教總教練，有時真的會有意想不到的收穫。

就算跟本業無關，也要抱持時時吸收新知的心態

我在打球時碰到倦怠、低潮期，難免會有情緒低落的時候，要解決本業造成的問題，並不一定非得從本業當中去找答案。

像我太太近年持續在研究精油，精油對於身心靈層面的影響效應讓我們夫妻倆都覺得很奇妙。不同的精油芬芳，對人的情緒可以產生作用，像有一次我情緒莫名低落，家嘉用

野菊加薄荷的精油讓我聞，我的心情還真的快速平復。

後來我去球場也都習慣帶著家嘉幫我調配的精油，平常賽前就嗅吸精油的芬芳，再搭配耳機裡播放適合冥想的音樂，可以讓比賽前的心情不要浮躁，身心都感到放鬆，後來統一獅隊的隊友們如安可、傑憲、古林睿煬，他們也都很喜歡我帶進休息室的精油香氣，我座位散發出的氣息不只讓我自己賽前心情變好、也讓隊友很開心，整個休息室的「氣氛」在各個層面都顯得更為融洽。

有一次我剛從二軍回歸一軍，進到休息室時，古林他特地跑來對我說：「學長，你終於回來了，我又有香味可以聞了。」我對古林說：「因為知道你今天要先發，當然要帶讓你感覺特別好的味道幫你加持一下啊。」

精油和棒球，看似八竿子打不著關係的領域，近年來我隨著家嘉的研究而使用在我的工作領域，結果改變了身心狀況，對於本業的發揮也大有裨益，特別是幫助靜心、安神的效果，對於棒球員來說非常重要。

統一獅的主場位於台南，夏季酷暑的炎熱常讓人感到心煩意亂，此時精油香氛搭配冥想音樂就是我不可或缺的精神食糧。

有一次安可碰到低潮，攻擊顯得有些急躁，連續四場沒能擊出安打，那時我請家嘉幫忙，幫安可調配了一個適合他當下需求的精油，他在使用後也確實擺脫了低潮，要說是心理作用也沒關係，職棒選手實力到達某種程度以後，需要解決的問題大多不在技術，而在心靈。

勇於面對職棒選手的最大敵手：數字與自己

棒球人生三十多年來，每年我都更了解自己，充分理解自己的缺點是什麼，我也知道自己某些特點非常不適合職棒這份工作，最直觀外顯的缺點就是我的腳程很慢。

我剛進職棒的時候身材還偏瘦，看起來是精實類型，在球迷眼中這樣的身材不應該跑壘速度這麼慢！因此每當我發揮個人的「腳程劣勢」時，常常會被球迷批評是「懶全」，意指林益全總是偷懶、不認真跑壘，但其實真的不是，我是天生腳慢，無論怎麼拼命跑都跑不快。

關於這項缺點，我能做的除了擊球以後無論如何都盡力完成每次跑壘、展現真的有在認真跑的積極度外，就是學習統一獅隊前輩羅敏卿選手的風格：「因為腳程慢，所以把球打遠一點，用打擊能力來掩飾腳程缺陷」，後來的十六年間，我在中華職棒締造史上最多支的二壘安打，我想我用「把球打遠來幫助自己跑出長打」的策略，應該算是成功了吧？

我還有很多沒在比賽中外顯的缺點，像是公眾關係經營能力薄弱，不擅長媒體應對及球迷互動等；此外，我的個性非常固執，這影響我的訓練模式、飲食習慣及生活作息，是否願意為了能在職棒打更久而改變的意願。

我很慶幸，在我還很年輕、職棒生涯才起步沒多久的時候就邂逅我的妻子林家嘉，她是我生命中最重要的貴人，在我們結婚以後，她是我在職棒領域後續十餘年來能夠積極求新求變的重要催化劑。

以我當年的執拗程度，別說接觸運動科學，就連最開始要我重量訓練我都沒辦法接受，我想盡一切辦法逃避，家嘉一開始也還都順著我，試著用柔性勸導和愛的鼓勵來誘導我接受重訓，但讓我改變的幅度都非常有限。

後來她做足功課，對棒球的認識以及對我個性的了解愈來愈深，加上她親力親為接觸重訓、學習理論與實務並考取相關證照以後，家嘉對於重訓、運動營養、運動心理學研究更深，她發現用鼓勵勸導的方式對我沒用，於是她提出長打數據下滑的研究以及中職前輩選手分享的案例做為敲醒我的警鐘，終於讓我願意接受重量訓練，並跟隨她在求新求變的道路上「愈陷愈深」。

多年後的今天，她對我的「激勵」也愈來愈直接，像我偶爾想要偷懶、怠於訓練，癱在沙發上偷閒的時候，她回到家看到我慵懶的模樣就會直接說：「你坐在那裡幹嘛？都不用去訓練的嗎？我看你也差不多（要退休）了啦！」實在是有夠狠的。

但重點是，家嘉她並不是只出一張嘴鞭策我，她自己本身就是一個勤勞的農夫，所有春耕夏耘的知識她都去理解、需要付出勞力插秧、鋤草、犁田時她也都親力親為，每次她試圖敦促我去嘗試的新領域，她都會率先投入研究，並且從中找出適合我快速切入學習的方式；是她用行動做給我看：「連我這個當職棒家眷的人都還在努力，你當職棒現役選手的人怎麼可以懈怠？」

就是這樣，坐在沙發上的我愈想愈心虛，我就像那頭在田裡耕作的牛一樣，隨著她的鞭策一路向前，不知不覺十餘個寒暑過去；回首前程，才發現自己的田地裡有著比別人更豐碩的收穫！要不是家嘉用盡一切方法逼迫我持續求新求變，讓我從過程中找到新鮮感的話，或許我在半途中早就因為職業倦怠、環境轉變和自我懷疑，走向放棄和提早引退的道路了。

另一方面，較長的職業生涯，也讓我理解自己的某些優點其實非常適合這份工作。

像是重視家庭，所以我願意跟親人分享我的工作內容點滴，進而引發討論和促使改進；我的家人願意多花時間去研究職棒生態，所以讓我在職棒生涯最初就有一個能夠分享和宣洩的管道。還沒結婚以前，我跟爸媽分享，到結婚成家以後，除了爸媽以外我又能跟太太分享，這樣的交流沒有隨著我的年紀漸增、締造更多紀錄和獲取更多獎項而減少，交流的內容反而愈來愈多。

不要小看與家人分享交流的效果，很多職業選手就是因為壓力太大，又沒有人可以傾訴抒發，日積月累以後在內心引爆，才萌生出提早引退的念頭。

職棒選手有時候很孤獨，為了讓父母安心，不太能跟長輩抒發自己在職場上的壓力，即使結婚後，也有過半選手的另一半不太懂棒球、不太看比賽的，當選手碰上低潮，有時礙於專業門檻、有時礙於男人顏面，無法跟另一半訴說，要自己找方法紓壓，舉凡釣魚、打電動、打高爾夫球都還算是正當管道，若宣洩方式選擇得不好的就是酗酒、亂發脾氣，這些舉動其實都無法真正讓球員排解心理壓力，甚至還會帶來反效果。

我很幸運的是，從小打棒球以來我就有願意支持我、跟我在棒球領域能夠溝通順暢的原生家庭，長大成人後，我又娶到一個為了家庭願意持續吸收新知、用盡各種方式讓固執的我能卸下心防、將分享交流這件事做到極致的好老婆，這樣的人生經歷讓我比較願意跟親人分享我事業上的種種，就算有時討論的問題最終都沒有明確解答，但有時職棒選手的壓力真的只是需要找人抒發，當情緒健康的宣洩出去以後，隔天的狀況就已經好了一大半了。

沒有可怕的對手，只有自己的心魔

在棒球路上，最讓我感到畏懼的對手是我自己。

很多覺得打不到的投手、打不倒的球隊，其實都是自己先預設了對方的強大，在內心放大了敵人的強度，所以才會產生畏懼。

即使這次沒有打好，如果試著以旁觀者的角度，觀察其他隊友面對同一個投手的表現，結果隊友卻可以打得很好。旁觀者清，你會發現其實對方的難打，有時是自己先想得太困難。

平心靜氣的去觀察對手，有時你會發現其實對手也很緊張、很恐懼、甚至壓力比你更大，沒有可怕的對手，只有自己的心魔，只要你能戰勝自己，就可以天不怕地不怕。

就像二〇二四年世界棒球十二強賽的中華隊，以傑憲為例，傑憲本來就是一個正能量充足的選手，當他在小組賽找回手感、安打一支接著一支產出後，他的自信心就不斷疊加，同時將他影響隊友的正能量散發到極致。

即使進入超級循環賽和冠軍賽的對手層級愈來愈強，當時的中華隊也能帶著絕對的自信突破一切障礙，原本就具備實力加上不再畏懼對手，所以沒有臨場失常；而自家打者率先突破對手的信心加乘，又讓投手更能安心發揮，一來一往的差距，把原先常在己方的恐懼和壓力全部轉嫁給對手，讓中華隊痛擊了日本隊的王牌投手，拿下光榮的勝利。

追尋冠軍是理所當然的，個人成績的追求也是不能停止的

有些話講出來可能會被批判，但在自己的書裡，我還是想說幾句真心話。

球隊從興農轉賣到義大的第一年，我因為過去的好表現爭取到比較好的薪資，結果從隔年春訓起，隊友間開始出現一些雜音說：「這是扣其他隊友的薪水加到林益全身上吧？」

因為這些竊竊私語，讓我當時背負很大的心理壓力，尤其說這些話的不是對手，而是並肩作戰的隊友，這件事情一度讓我很煩惱，家嘉後來開導我：「你有辦法拿到這個薪水是因為你有實力，你有這個實力，就只要打出成績給他們看就好了！」

往後幾年，我確實用實際表現證明我值得領這樣的薪資，但即使我的成績再好，仍會出現另一種聲音來批判我說：「林益全不會打團體，只會打個人。」

被批評只會「打個人」這一點，讓我既介意又困惑：「什麼叫做我打個人？我把自己的打擊內容做好、顧好自己的打擊成績到底哪裡不對？」

如果說壘上有隊友，教練要求我做推進戰術，但我覺得自己狀況很好，所以一意孤行堅持要打，那是叫我打個人沒錯；但事實上只要教練有戰術需求，我也都願意配合。

所以我無法理解何謂「打個人」？

棒球跟籃球、足球這類只有一顆球在場上，攻擊時必須爭搶和傳導的團隊運動不同，足球可能有不傳球的「球霸」、籃球也有熱愛自己進攻的「自幹王」，這種英雄主義打法都會影響到隊友的數據績效。

但棒球不一樣，棒球投打對決的每個打席都是獨立而非與隊友共享的，不會因為我多打安打，後面的隊友就沒球可以打；反而是每個打者都設法讓自己不出局，後續隊友的攻擊機會就會增加，球隊的贏面就更大，棒球這項運動的特性，正應該要強調打線上每個人都把自己的「個人」給打好才對。

在美國職棒裡，個人成績好但打不進總冠軍賽的選手很多，但他們很少因此被批評，因為大聯盟隊伍數很多，個人成績優異的球星就算從來沒打過世界大賽還是會受到球迷的尊重；但在台灣不一樣，因為球隊數量少，各隊球迷都覺得自己支持的球隊應該要打總冠軍賽，只要沒打進冠軍賽，你個人成績再好都不用跟別人講，這就是台灣的狀況。

剛好在寫這本書的同時，美、日通算擊出超過四千支安打的超級巨星鈴木一朗接受了訪談，對方提問：「當你四打數零安打，但團隊贏了比賽，或者打了四打數四安打，但團隊輸了比賽，哪一種情況會讓你更有滿足感？」

鈴木一朗回答：「這要看比賽的情況，不過基本上還是選擇『四打數四安打』，如果不是這樣，那就不算是職業選手了吧。」

一朗接著說：「目標是『團隊奪冠』──這是理所當然的目標，根本不需要強調。但在此基礎上，還有什麼目標？」一朗認為追求團隊戰績是基本前提，但個人表現也應該被重視。他接著補充：「其實我從以前就一直這麼說，所以也招來過不少反感，但這是我無法改變的信念，難道這樣的想法有錯嗎？」

我覺得一朗選手的這段訪談已經把我內心的話都說出來了。

職棒球員追求冠軍是必然、而且不需要掛在嘴邊的目標，在這個前提下，應該是每個選手都把自己的個人成績打好，才能共同實現奪冠這個團體目標才對。

而不是當球隊無力爭冠，反過來檢討「成績好的選手是獨善其身」；換個角度思考，如果一個選手效力於常勝軍、球隊年年都是奪冠大熱門，但他的成績持續委靡不振，難道會因為團隊的勝利，讓這位選手不會遭到批判或釋出的命運嗎？

不重視數據績效，就不配稱為職業選手

我每年打職棒的動力，除了爭取總冠軍以外，我也希望能在全聯盟兩百多名選手的競爭當中脫穎而出，拿到屬於球員個人的最高榮耀——年度最有價值球員獎（Most Valuable Player，簡稱年度ＭＶＰ）。

年度最有價值球員獎的意義，代表你是全年整個聯盟所有球員中個人表現最優異的選手，我在新人年時就拿下生涯首座最有價值球員獎，二〇〇九年賽季，我把新人可以突破的打擊紀錄幾乎全破光了，也因此攫取了眾多媒體前輩的目光，即使同年度La new熊隊的林智勝選手締造了當時本土球員單季最多全壘打的重大紀錄，我還是憑藉著「超級新人」的光環加分，拿到了個人首次年度MVP。

在夢幻般的新人賽季奪獎初體驗後，轉效義大犀牛做第一個球季的目標展望時，我跟家嘉說：「我想以再度拿下年度最有價值球員獎為目標！」

家嘉聽完後回答說：「好，但年度MVP這個目標很大，你可以先試著縮小範圍，要拿年度MVP可能至少需要拿到兩個打擊獎項，你覺得哪些獎項是邁向MVP之路必須取得的？設定好專攻獎項，就不會在球季進行期間盲目追尋各項打擊績效，顧此失彼。」

聽完她的建議後，我因應自己的打擊特長，決定要搶打點王和安打王兩個打擊獎項，從終極目標（MVP）中延伸出具體的績效目標。

在績效目標鎖定後，我進一步把拿獎項所需達標的績效數字，拆分到逐月、逐週比賽當中，中華職棒一軍單週進行五場比賽，我把目標設定為「單週二十個打數內敲出十二支安打」，雖然不是容易達成的目標，但已經非常具體，況且以週為單位，可採分段方式進行，再順應情況做滾動式調整。

我在球季間每個禮拜都以這個高標去挑戰，即使沒辦法週週達標，最後整個球季累積下來的成績也會非常可觀，後來在二〇一三、二〇一四年兩個賽季，我分別拿下打擊王、安打王、全壘打王和打點王，也真的如願以償，連續兩年蟬聯最有價值球員獎！

在諸多打擊獎項中，我最重視的並不是安打王、打擊王，也不是全壘打王，即使這些獎項我都有拿過，但從職棒菜鳥年至今，我最重視的打擊獎項永遠都是「打點王」。

在我職棒的顛峰期，有很長一段時間我很在意旁人說「林益全只打個人」這句話，所以在追求成績的同時，我一直默默想證明給那些人看「我並不是這種人」。

基於這個原因，我對打點王最為重視，一場棒球比賽結束以後，記分板上常常可以

看到「團隊總安打數比對手多，但最後球隊輸掉比賽」的情況，因為棒球比賽的勝敗比的不是安打數的多寡、也不是打擊率的高低，而是分數誰比較多。

打點這項數據，就是讓球隊得分取勝最實質的挹注。

我在每個賽季優先檢討的個人數據始終都是自己的打點數有沒有達到個人設定的標準，棒球比賽勝敗取決於誰的分數打得多才會贏，這就是我最重視打點王獎項的原因！時至今日回顧生涯時，我可以驕傲地說，我確實有達成自己設定的目標，我得以與張泰山學長比肩，同樣以四座打點王並列為中職史上最多次的獲獎者。

從來沒想過，自己能在中華職棒打出兩百支全壘打

這是真心話，自從新人年起，我就完完全全沒有「肖想」過自己將來可以達成中職生涯兩百轟。

在我的菜鳥年，中華職棒生涯全壘打總數紀錄保持人還是林仲秋前輩的一百六十二支，我那時候看這個數字只覺得「高山仰止」，別說兩百轟了，我甚至不覺得自己有機會追上秋哥的全壘打數。

在生涯初期，我設想自己就算每個賽季都能打十三發全壘打，那我也得維持這個績效穩定輸出十年才能累積到一百三十支，而且那還得要我沒有因為受傷長期缺賽，並且連續

十年都能擔任球隊先發主力才有機會辦到！？因此種種，當年我真心覺得要追上秋哥的生涯全壘打數對我而言是天方夜譚！

我在職棒第二個球季起被徐總委以重任，安排在興農牛隊第四棒的位置，結果我連兩年都只敲出八支全壘打！當時的我根本不敢再想任何跟全壘打有關的紀錄了，我每天光是想到「扛起泰山學長以往四棒的重任」這個念頭時，就已經壓力大到喘不過氣來了……

但徐總當時就像把幼崽推落山谷逼其適者生存的雄獅，他對我說：「反正我不管你打好打壞，第四棒就是你的，你自己去發揮！」言下之意就是他不管別人怎麼講啦，他就是要把這個重任交給我，不管我成績打怎樣，他都沒打算把我從第四棒的位置挪開了。

剛開始打四棒的我因為壓力過大，打擊心態已經扭曲到捨棄長處、追求短處，明明全壘打不是我的最強項，但因為我看泰山學長以前扛四棒的時候單季全壘打至少都是二十支起跳，所以我心中的想法是：「如果我打四棒，就要跟泰山學長有一樣的成績才能看，至少全壘打數不能相差太遠吧⁉」

結果為了追求全壘打，我沒辦法發揮自己的打擊特長，反而被壓力吞噬，在最初扛球隊第四棒的一年半間，我打到幾乎崩潰，不但全壘打數大幅減產，連自己原本最擅長的高安打數和打點產能都同步下滑……

直到二〇一一年上半季，我真的受不了了，我直接跑去詢問泰山學長：「到底要怎麼樣才能把第四棒的角色發揮得像你一樣好？」

泰山學長回我說：「你就不是重砲型打者，你的優點是中長程，不用管自己是打哪個棒次，你就發揮自己的特長就好了，不要執著在全壘打數字上，壘上有隊友時你就把他打回來就對了啊。」

他讓我知道，第四棒就只是一個棒次而已，不同專長的打者擺在第四棒，同樣也只要發揮自己的專長就好；張泰山就算打四棒以外的棒次，他也是維持原有的打法，而張泰山在第四棒是什麼風格，不代表林益全在第四棒需要跟他一模一樣。

學長的一番話讓我如夢初醒，後來我在第四棒上開始專注發揮自己的特長，恢復高打擊率、高二壘安打產量，以及扼注對球隊獲勝幫助最大的打點，當我這些專長項目陸續找回應有的水準以後，連帶全壘打數也順利增產到雙位數了！

我暗自慶幸，還好當年有即時去詢問泰山學長，不然他隔年就轉隊到統一獅了，我如果沒有從他那邊得到解答，或許還是會繼續陷在「第四棒要狂轟全壘打」的迷思裡打轉，難以發揮自己的特長。

緣分所繫，突破大前輩林仲秋的全壘打紀錄

我跟秋哥確實很有緣，當年興農牛代訓時期我的打擊教練就是秋哥，後來效力富邦悍將時，秋哥的兒子林弘偉是我的私人重訓教練，我也商請秋哥來協助我加強打擊練習，在跟這位大前輩展開合作的兩年以後，我超越了他的生涯全壘打紀錄。

二〇一五年，我順利締造中職生涯百轟，並在二〇一八年起跟隨秋哥加強自主打擊練

CPBL 中華職棒
RAINBOW

如果沒有秋哥、泰山學長，
從一百轟到兩百轟就只會是個夢想。

習，秋哥建議我因應當時趨勢，將使用的球棒換成重心集中於棒頭的重頭球棒，並要我持續進行增進揮棒速度的特訓，讓我能以更快的揮棒駕馭這支重頭球棒，利用重力加速度把球擊得更遠，提高我的全壘打產量，我真的很感謝秋哥父子的協助，是他們提高了我從生涯百轟到達兩百轟之間的效率。

約定好的總冠軍，說再見的全壘打

在我中華職棒生涯至今擊出的兩百一十發全壘打當中，令我印象最深刻的還是二〇一五年義大犀牛舉辦「徐總日」那天我所敲出的再見全壘打。

那一天，是我們義大犀牛為了紀念已故恩師徐生明總教練的特殊主題日，伴隨徐總長期關注和照顧我們的師母謝榮瑤女士，當天也受邀來到現場觀戰，我們球隊上下唯一的信念，就是要贏下這場比賽的勝利獻給徐總。

那天對戰 Lamigo 桃猿隊，比賽前段我們先馳得點，結果六局遭到對手逆轉，後來我們又把比分追平，進入九局下半，在場邊觀戰的師母面容一直都很緊張，她不時禱告，對天上的徐總說：「你要給你的子弟兵們有好的表現！」

比賽鏖戰到第九局，我跟國輝都有機會可以打擊，瀰漫球場的氣氛非常明顯，主場球迷心中期待的劇本就是看到我或國輝這兩個徐總最愛的子弟兵，可以一棒結束這場比賽。

在我從桃猿隊後援投手林柏佑手中敲出再見全壘打的時候，擊中球的那瞬間，我就知道這場艱辛的比賽終於贏下來了！當時除了興奮，還有點鼻酸，回到休息區以後，師母抱著我一直哭，後來那發全壘打球，球團工作人員特地幫我要了回來，因為我想把那顆球送給師母當禮物。

在全壘打繞壘的時候，我腦子裡閃過的是徐生明總教練當初簽我進興農、而後數年手把手教導我的畫面……

在興農牛隊的最後幾年，他曾經離開總教練一職，後來球隊易主，義大球團又聘請他回來重掌兵符，我得以和他再續師徒緣；從報到那天起，我就很開心又可以跟徐總合作，我還記得那天他上下打量了我一番然後說：「唉唷！已經不是當年那個年輕小毛頭了喔！有成熟穩重的感覺了耶！」

雖然離開職棒一年多，但他一直都心繫自己帶過的球員，持續關注我們後來的表現。

徐總因為心肌梗塞離開人世的那一天，是二〇一三年八月二十四日天母雙重賽結束以後的事。

我記得那天比賽前，我是最早抵達球場進行賽前準備的，而徐總是第二個到的，他當時有點訝異，沒想到有人會比他還要早到球場，他問我：「你怎麼這麼早就來了？」

「對啊，提早先來準備一下。」我說。

徐總說：「那正好，我這有兩顆球你幫我簽一下，不然不知道什麼時候有機會給你簽了。」

我詫異地想：「我們就在同一隊，隨時都可以幫你簽啊，怎麼會這樣想？」

我記得那一日，賽前我們閒聊，從興農牛時代聊到義大球團接手，徐總說：「新公司接手以後很支持棒球，整隊的資源又提升了一級，感覺很不一樣。」

他提醒我，好好珍惜這個環境，還說：「現在球隊的資源比以前豐富，甚至找得起曼尼這樣的戰力，你們這些中生代選手要好好努力，把球隊凝聚力 Call 起來，成軍第一年就有這麼好的契機，應該要衝擊一座總冠軍！」

我當時回答他：「好！沒問題，我們一定朝這個目標努力達成！」

結果，這成為我跟他最後的約定。

天母雙重賽結束後的夜晚，徐總永遠離開了我們。

本來兵強馬壯、氣勢如虹的球隊，頓時失去了舵手，我們也開始下一段迷航的旅程，接著義大犀牛進入頻繁更換教練的震盪期，而本來握有季後賽門票的我們也因為軍心渙散，最後沒能在二〇一三年就達成奪冠目標……

「我答應別人的事情，我一定要做到，不然我的內心會永遠無法放下」，我跟徐總的冠軍約定一直要到二〇一六年，也就是我對他做出承諾的三年以後才終於達成。

義大犀牛這支徐總人生最後執教的球隊，在轉賣、改名、走入歷史前的最後一個賽季，我們終於拿下與他約好的總冠軍，完成了多年來的承諾，而那支再見全壘打，也多少填補了一些我無法好好跟他訴說內心感謝的缺憾。

千安與兩千安里程碑的趣味插曲

我效力義大犀牛即將達成生涯千安的時候，我爸媽、家嘉還有我的女兒小蝦卷都有到場觀禮，他們事前計算過我的紀錄預定達成日，應該會落在澄清湖主場三連戰時，於是從週五的首戰起，他們就開始進場準備在記錄達成那一刻擔任頒獎嘉賓。

在週五至週日的三連戰前，我只差兩支安打就能達成千安，而我在週五首戰的前幾個打席就敲出第九百九十九支安打，以我當時的安打產量，很可能在當天馬上就能追加一支順利達標。

從九百九十九安聽牌以後，我的家人們為了能在千安達成、比賽暫停的那一瞬間進場為我獻花頒獎，所以每當我準備踏上打擊區，他們就得攜老扶幼的從觀眾席下到場邊準備迎接紀錄達成；但若是我沒能敲出安打，他們一群人就只能再爬樓梯回到觀眾席上，等待我下次打席開始前再重複這般浩浩蕩蕩的「大隊移動」。

偏偏從九百九十九支安打出來以後，我開始「近鄉情怯」，週五後續幾個打席都沒能敲出安打，我的家人們就這樣每個打席前後都得從觀眾席到場邊往返移動，那時我女兒小蝦卷才兩歲就已經二十二公斤了，每次在球場上下移動都還要我老婆抱著跑，後來看家嘉累到受不了，換我媽媽接手抱，才有辦法讓我女兒跟著大家移動，結果週五我沒能順利達成紀錄，週六比賽當天，我老爸直接跟我烙狠話說：「你今天如果再沒達成，我明天就不來了！哪有那個力氣在那邊跟你上上下下的！」

經過我爸爸的「威脅」，我在週六終於順利敲出中職生涯千安，為了能第一時間參與我的榮耀時刻，兩場比賽加起來，我的家人大概在澄清湖棒球場的觀眾席間上下折返跑七八趟了吧。

多年以後，我順利達成中職生涯兩千安打的紀錄，那天家嘉更辛苦，我本來沒有安排讓他們來觀禮，球團也沒有事先跟我說，而是悄悄跟他們約好，讓家嘉和孩子們在記錄達成時突然現身給我一個驚喜；我紀錄達成那天是在嘉義比賽，家嘉當天賽前還在台中講課，課程結束以後趕緊去接小孩放學，然後風塵僕僕地開車趕往嘉義球場。

因為是要給我「驚喜」，所以我在打擊時他們從觀眾席移動到場邊要小心翼翼，還要躲起來不能讓我發現，當時我兒子喬治不時探頭出來偷看，屢次被工作人員提醒他要躲好，結果我前幾個打席還是照慣例「近鄉情怯」沒能敲出安打，家人們為了不讓我發現，只能偷偷摸摸走回觀眾席，幾趟下來換喬治受不了了，他沿路碎念道：「最討厭爸爸了啦，

2000 hits
IN CAREER
99
The 3rd Batter
to Reach 2000 Hits
in CPBL History
神全
LIN
YI CHUAN

這次又打不好！」

喬治就這樣持續抱怨到我打出兩千安為止，他們終於能現身頒獎給我驚喜，在短暫的慶祝儀式後，家嘉又辛苦開車載孩子們趕回台中，因為隔天還是上學日。

我自己雖然沒有要求家人到場，但看到他們出現時我真的很高興，我很感謝在我達成重大紀錄時，我的家人們願意不辭辛勞的來參與我職業生涯的重要時刻，這個共同回憶對我和孩子們而言都太珍貴了。

LIN
LIN YI CHUAN
#99

Part 3.

一為全，全為一

AL

Part 3.

棒球是至少需要九個人才能進行的比賽，但凡少了一個都不行。

棒球也是從一個人的成績表現開始產生影響的運動，無論是安打、美技、失誤、得分，從一個人開始的累積，疊加效益，創造九個人的勝利。

所以不只要自己夠強，也要團隊夠強；不只團隊成長，自己也要跟著進化。如何讓自己撐起團隊？又該如何讓團隊支援自己？

球隊的領導者與追隨者

我曾經擔任過球隊的隊長，但其實我自己心裡很清楚我的個性和處事風格不太適合擔任隊長這個職務。

二〇一六年球季效力於義大犀牛時，我被當時的總教練指派了隊長任務。

坦白說，當時我內心真實的想法是：「這個隊長我確實沒有很想當。」

那時候義大犀牛許多主力選手都正值顛峰，何況陣中還有從興農牛時期共事至今、年資比我更長的球員，無論於資歷或於我個人意願而言，我都不想出這個頭。

如果當初球隊沒有轉賣，仍然是興農球團在經營這支球隊的話，我接任隊長的意願會提高很多，是興農牛從選秀會上選中我，如果我持續與這個球團共事累積近十年的默契，以年資、場上成績，對制服組的理解，甚至從「血統純正度」來看，都會是我擔任隊長的適當時機。

但是興農牛在二〇一三年易主以後，球隊的組成開始發生改變，隨著「義大犀牛」的誕生，許多有旅外資歷的選手加入球隊，他們跟我一樣，加入義大犀牛這支球隊同樣都在二〇一三年，起跑點是相同的，已經不存在誰的血統純、誰的資歷深、誰對組織文化比較了解的差別了，我接任隊長的客觀條件，也隨著球隊轉賣以後消失了。

我在二〇一六年季初接任隊長的時候，就已經觀察到球隊氛圍與以往興農經營時期大為不同，旅外選手和本土選手分邊的趨勢隱然成形，我知道自己的人格特質叫不動所有選手，與其說我是隊長，我覺得更像是傳令兵，只是個負責轉達教練團希望球員做什麼的人。

我本來就不太擅長和人社交，也不喜歡強硬地管教別人，但偏偏這兩點都是球隊隊長必須具備的能力。

當年打球的環境不比現在，沒有那麼多練習生幫忙，加上那時候球隊管理只有一個人，他要負責日常庶務，還要兼任球隊的巴士司機，根本無法顧及所有範疇，所以勢必隊上資歷較淺的菜鳥球員要負責幫忙一些雜務。

我當隊長時，有時看到學弟球具沒收好、球衣忘記送洗、東西落在球場等事，我會順手幫忙處理；有時候外地比賽結束我要開車回高雄老家，學弟留宿在外縣市的家裡，當他們請我幫忙，我也會順路幫他們載裝備回高雄主場，於我而言這只是舉手之勞，但看在其他資深選手眼裡，這就是沒有養成學弟負責任的習慣，在隊長這個管理職務上是不合格的。

二〇一六年球季中時，我當隊長的狀況已經讓同儕看不下去，在他們的認知裡：「學弟應該要做好的事情怎麼會由學長來代勞？」剛好也碰到上半季球隊戰績欠佳，義大球團董事長和領隊就順勢請總教練更換隊長。

球團重視旅外選手的風氣日盛，年輕球員也看得出端倪，順應時勢向旅外學長靠攏是人之常情，後來隊長一職在季中交接以後，下半季某次球隊聚會的場合，有隊友在聊天時跟家嘉私下透露，他說：「益全不適合當隊長，管理太軟、叫不動隊友，很多事情都是他自己跳下去做，這樣不行。」

現在回想起來，我認為他的話其實也沒說錯。

在我之後入隊的新世代選手，與我新人時期的觀念落差已經很大，興農牛年代身為菜鳥的球員在剛進職棒球隊時，學長們根本不會特別提點什麼，菜鳥們自己要會察言觀色，觀察學長們在球場內、外都怎麼隨隊運作，自己就亦步亦趨的跟著學、跟著做，如此才能快速適應球隊步調，像是球隊哪時集合、什麼時間送洗球衣、隊服……等等。

諸如此類我們都是自己看、自己跟，況且當年球隊新人要住宿舍，只有球團考察過生活比較自律、不太會出紕漏的選手才會被允許外宿，我們為了能夠獲取更多自由空間，新人時期就已經學會不待學長命令、自己從模仿過程養成自動自發的習慣。

我是一個口才不太好的人，我成為學長以後不太會用講的，我的觀念一向是：「我不想去唸你們（學弟），我自己身體力行做給你們看。」

我以為學弟看了以後，應該會像我們當年看學長一樣，自己會知道該怎麼做，但是新世代的選手的觀念跟我們當年確實不一樣了。

年輕世代的選手，生長背景和教育觀念跟我們不同，生活管理和做事嚴謹度也有落差，即使是少部分，但真的有些年輕球員自我約束力太過鬆散，甚至教練都已經跟他同寢室、親自當鬧鐘叫他起床了，集合時該年輕球員還是有理由遲到。

我擔任隊長時只做不說、沒有嚴格指正教育，甚至學弟沒做好的事情還代為處理，這對年輕選手而言不是幫助反而有害，學長幫他們把事情做好了，他們就不會體認到這些事是自己該做的，往後就會不斷犯同樣的過錯。

這就是為什麼同世代的隊友會說我當隊長「太軟」的原因，如果學不會管理，就會自己做到死。

當隊長要有手段，要恩威並施，對學弟要敢於提點管教，也必須要求團隊嚴格遵守規範，檯面上要有威嚴，私下還要應酬交心，花錢請客讓學弟嚐點甜頭的局面也不可少，而這些舉動恰恰都是我這種個性的人做不來的。

額外一提，巧妙提點隊友錯誤而不傷感情，這是管理學的藝術，我雖然不擅長此道，但從旁觀察時，曾經看過一些具備領袖魅力的隊長把這些事情處理得很漂亮。

例如效力統一獅時期，有一場比賽安可只帶了一支球棒來球場，比賽期間不小心打斷了，這時他當然需要跟隊友借球棒，如果按照我的作風，我就會默默地把球棒借給他然後什麼都不說；但是獅隊隊長陳傑憲就不是這樣，傑憲還是會把球棒借給安可，但是會趁機幽他一默，說：「我第一次看到有人來球場只帶一支球棒的！」

傑憲的人格特質、說話口吻和態度，會讓休息區的隊友聽到時只覺得很逗趣，但他這句話同時也有提點安可應該要帶備用球棒的意思，當事人有學到教訓，又不會有不舒服的感受，這就是隊長的智慧。管理手腕是後天培養出來的，但領袖魅力很大一部分是與生俱來的，有時想學也學不來。

摩擦與挫折，是解決問題的開端

我很感謝當年國輝願意從我手中接過隊長的管理重任，那時的球隊氛圍確實讓我感到管理難度很高，尤其旅外選手在義大犀牛時期人數快速增加，日漸受到球團重視，別說旅外、本土間有分派趨勢，就連旅外球員之間還有人會在內心細分等級。說起來也很奇怪，明明最後殊途同歸，大家同樣都是回國在打中華職棒，但還是會有人因為自己曾經上過大聯盟所以感到自負，就連國輝這樣在中華職棒戰功赫赫的學長也不一定能夠叫得動。

被隊友說我的作風太軟不適合當隊長，還是透過家嘉的轉述得知，有些選手可能心裡會不舒服；但是因為我老婆在人際關係的處理分寸一直拿捏得宜，所以我想這也是隊友會選擇在球隊聚會聊天的輕鬆場合私下跟她透露的原因，對方沒有直接當面跟我說，可能是避免讓我覺得尷尬，而且應該也是相信透過我太太轉述，比較能夠委婉傳達他的意思。

這麼多年職棒經驗，看待各隊的磨擦和爭議，我和家嘉研究後覺得，摩擦發生的時候，球員本身的想法其實都很單純，但重點是選手的家眷是如何看待的，如果另一半是豁達的，直接看透事情的本質就是雞毛蒜皮的小事，只是表達方式、口吻或傳達媒介的錯誤造成的誤會，那球員在與眷屬聊過以後就能釋懷，不會糾結在心裡甚至與隊友產生心結。

我很慶幸我老婆在陪我看待這些事件的角度，都是抱持豁達的態度，幫助我解開很多獨自思考時解不開的心結。

就像當年哲瑄在社群上公開發文：「在台灣金手套不用撲」的事件，事情發生當下我確實糾結滿久的。我認為哲瑄如果對我的守備方式有意見，可以自己來跟我講，就像葉君璋總教練針對這件事接受媒體採訪時說的：「人家講你是為你好，為球隊好。」後續葉總受訪時還說：「人家講你，你要感謝對方，畢竟是出於善意，相對的，你講人家，你自己也要百分百做好，大家都會更在乎、更謹慎。」

這個觀點我也認同，就像鈴木一朗選手之前被問到：「理想的團隊合作是什麼樣貌？」一朗的答案是：「能坦誠溝通的團隊，這樣的團隊才是強大且優秀的團隊。」

確實如此，能夠坦誠溝通、又能相互尊重，才會是最好的團隊，但是團隊的溝通管道

FUBON
Guardians
9
Guardians
1

應該建立在「團隊內部」，無論是選手之間面對面聊也好、透過教練與選手三方協調也罷，對彼此有意見，那是我們團隊之間的事情，我們自己可以開誠布公的討論。

但若是發表在公開的社群平台上，彼此的私事就變成了公事，不僅讓支持球隊的球迷產生憂慮，還連帶讓全隊選手和球團管理問題都遭受外界質疑，這並不是謹慎的方式，也不是正常溝通管道，甚至談不上是一種溝通。

經過家嘉開導，我後來比較能淡然看待這件事，不再隨著網友解讀就認為這是「霸凌」，但隊友間應該私下溝通的事，卻訴諸社群發文，這種方式是錯誤的，我仍然百分百確信。

我能夠體諒台灣旅美球員，他們在美國職棒那種高壓的環境中奮戰了五到七年，這段生涯過程是很孤單的，外在要面對卡位競爭，內心可能還遭受過種族歧視的排擠；回台灣打球以後，終於不用再受壓抑，會想盡情揮灑自我也是人之常情。但每個人的秉性不同，所以展現自我的樣貌也大異其趣，並不是每個旅外球員都有同樣的作風，我看過更多回台灣打球的旅外選手，在釋放本性以後是把個人優點那一面綻放得更加光彩照人的。

辦公室都會有彼此看不順眼的同事，職業球員生長背景、教育方式和養成系統都不同，一定也有個性不適合當朋友的；但不能做朋友不代表不能當隊友，只要大家各司其職，把自己的專業發揮到最好，球隊還是可以很強。

隊友間的志趣不投、個性不合，其實不影響比賽默契，我在職業生涯中見證過嚴謹自律和浪漫不羈的二、游與投、捕搭檔，他們私交並不融洽，對於彼此的處事風格也偶有怨言，但是上了球場以後，這些選手都還是可以用專業配合專業，打起球來行雲流水、合作無間。

牙齒都會咬到舌頭，團隊更不可能沒有摩擦，但重點在於摩擦過後，團隊管理者到底有沒有人認定這種「溝通模式」在工具運用上是失當的？如果沒有認清這個癥結點，就會像昔日我幫學弟做了他應該做的事情以後的後果相同──「當事人不覺得自己有錯，往後的作風也不會有絲毫改變。」

我覺得這件事情發生以後，對富邦悍將影響最深遠的是，有好長一段時間隊內學長、學弟間的倫理似乎悄悄地消失了，因為有這麼大的一個案例在前，讓學弟覺得有成績的時候好像可以不尊重學長，於是將來自己低潮走下坡時，後起之秀的學弟也不會尊重你，這都是種前因、得後果，當時的處理方式就決定了日後數年間的團隊風氣，需要好幾個世代的換血輪替才能重新調回正軌了。

無論到生涯哪個階段，機會都是靠自己爭取的

每個球隊世代交替的政策、步調不同，要看當時主導的高層是用什麼方式在做，在我職棒生涯進入中後期時，球隊換血政策處在模糊狀態，是在資深選手並未被明確告知的情況下默默開始展開。

新上任的總教練不會特別跟你說今年要把你放在球隊的哪個定位，教練口頭上都講得很客氣，說：「今年我們運用你們這些資深選手，會比照『剛開刀回來』的方式，小心輪休使用，避免過度勞累。」

可是當下我可能手感正好，心裡難免會有疑問：「為什麼要讓我輪休？」但我又不能去跟教練抱怨這件事，顯得自己在干涉教練調度權，事情傳揚出去，可能又會變成：「林益全只想打個人，跟教練抱怨上場時間。」

感受到出賽數慢慢減少的同時，家嘉曾經建議過我，用委婉的方式去做爭取，而這種方式在洪一中總教練執教時期確實是有用的。

洪總剛在富邦上任時，他並不是只看數據排先發打序，而是會看對手的先發是左投還是右投，並對應排上全右打或全左打的打線，所以最初常常碰到對方派左投先發時我就被安排休息，但其實看生涯對戰數據，我對上這位左投其實打得很好。

在家嘉的建議下，我嘗試技巧性跟洪總自動請纓，在排先發之前先去跟總教練聊聊，跟他說明我對這個左投之前打得很有心得，對戰數據又呈現怎樣的結果，當引起總教練興趣以後，再進一步說明為什麼我對他會打得不錯，可能「因為我知道他的手套擺放位置」、「他的某個小動作顯露出要投哪個球種」，諸如此類的習慣我之前就有看出來，所以對戰他時我打得不錯云云。

賽前的交流請纓，可以幫助我爭取時間，讓總教練調出情蒐部門的數據資料，他赫然發現：「欸！原來你對這個左投打得真的不錯！」他就會忽然覺得全右打打線當中，安插一個對戰數據佔優勢的左打好像也還不錯，如此就爭取到讓自己重新被安排回先發的機會。

坦白說，即使資歷已經很深，但當我採用數據說服洪總讓我先發的首場比賽，上場前我內心還是有點緊張的，我擔心自己極力爭取結果沒打好，反而讓自己之後機會更少；所幸我有發揮實力，沒有辜負總教練的信任，也因為我主動爭取後又能如常打出佳績，後來在洪總執教富邦的期間，我就不需要再用這種方式爭取機會，因為我已經獲得他的信任。

在洪總執掌富邦那兩年，我連續兩個賽季出賽數都有一百零九場、安打數連兩季破百、平均打擊率超過三成、全壘打也都在雙位數之譜，無論到幾歲，機會都是靠自己爭取來的，而我也全力以赴，沒有辜負洪總教練對我的信任。

以往場場先發的主力，如何面對出賽數的銳減

做為生涯前十三年幾乎場場先發的球員，剛碰到總教練要我輪休的時候，心裡難免會糾結在「失去固定先發地位」這件事情上。

但家嘉開導我說：「其實輪休對你而言不完全是壞事，要爭取先發也要看你當時的狀況而定，假如你當時狀況很好，就可以憑藉對戰數據去爭取看看；但如果當時你確實狀況不佳，休息個一、兩場在場邊看看隊友怎麼打，順勢把自己的步調調整回來，反而會比你狀況差還勉強先發，結果沒打出成績才被換掉更好。」

二〇二二年，洪總卸下富邦總教練一職，教練團又再一次經歷大幅改組，而這一回世代交替的手段比以往更為激進。

前兩年在穩定出賽數破百的情況下，我的平均打擊率能突破三成、年年都有一百支安

打以上，全壘打也都維持在雙位數之譜，等於近兩個賽季我都是用實際的好表現爭取到下一季大量先發出賽的門票的。

但在總教練更換、教練團改組以後，球團採取的換血政策改為直接腰斬資深主力的出賽數，包含我和國輝在內的老將們，都在前兩年還有實戰成績的情況下，只因為球團覺得「換血時間到了」，就不再參考去年的數據表現，直接大幅減少出賽數，以不穩定出賽頻率讓我們上場，再由以此調度下滑的成績為依據，順理成章地將新人推上先發舞台。

資深選手在背負高薪和戰績的輿論壓力下，因為沒有穩定出賽機會可以發揮平時水準，球團以小樣本數的打席成敗，決定資深選手從先發到板凳、從板凳當代打、代打打不好就降二軍的方式調動，穩定出賽都還能有好成績的老將，卻因為特殊的調度模式被調到手感全無，成績自然不比以往。

如此施為，讓球隊過去身經百戰的老將們出現無所適從的狀況，站上球場的表情不再擁有過往的自信，反而明顯過於緊繃。在輸球就被網路撻伐、一被網友批判球團就換人或下放的模式下，老將不確定自己這個打席如果失敗會不會還有下一場，在棒球這種高失敗

momo
林益全
9

率的運動中，狀況好的打者都不保證能場場安打了，「朝不保夕」的氛圍長期壟罩在選手心中，調度頻繁異動讓球員調整難以到位，個人成績和球隊戰績都拉抬不起來。

在朝不保夕的壓力下，就連我家人看轉播時都能感受得到我站上打擊區時的僵硬和痛苦，臉上不再具備以往的自信。

在換血政策下獲得大量出賽數的年輕選手也未必好過，在前輩被下放的情況下，一批又一批的新秀被推上火線，面對過去不需要他們扛起的戰績壓力和球迷輿論，這又是下一個惡性循環的開始，只要中生代選手碰到低潮被罵，球迷在網路上就又會喊著要球團換人，拉上季中選秀剛入隊的高順位新人來開箱，但這些新人連職棒二軍作息都還沒適應，上一軍實戰怎麼會有好結果？

世代交替是職業運動的必然，但手段當漸進而非激進，資深選手跟年輕選手應該要有公平競爭的機會，老將只要還有成績背書，就應當握有用去年成績獲得一定出賽數的權益；當球隊機會給足，老將真的沒打好，再把機會讓給表現優異的後進，我認為這樣才是較合理的調度；而不是強調「時間到了我們要換血了」，就完全罔顧去年所有資深球員的成績，大幅變動主力選手的出賽數和上場頻率，這種激進手法對資深球員不公平，對年輕選手的養成效果也很有限。

維持多守位練習，適時展現給教練看

只要有穩定出賽數，我都有信心自己到四十歲還能繳出不輸年輕人的成績，後起之秀對我而言不是威脅，在富邦悍將最後幾年，球團積極培養范國宸選手，但在同樣出賽穩定的情況下，他的成績也並沒有好到足以取代我，二來就算他的成績可以取代我，我從業餘時期到職棒至今都還有在做三壘守備練習，也一直都有讓教練知道我的三壘守備並未生疏。

每次守備練習時，我都會在一、三壘輪流練，偶爾交換守備方向，練習在三壘熱區的步伐和應對敏捷度，教練看到問起時，我都說是自己想要玩玩看，但其實目的也是展現給教練看「林益全還有三壘守位這個選項。」

超市
台灣

我知道自己的移動範圍不大、速度也慢，所以強調高速移位的二、游防區不會有我的空間，但一、三壘手的守備考驗主要是應接左、右打強力拉擊後的強勁飛球，以及內野反彈的接球反應和傳球穩定度，這一點是我可以透過反覆練習做到的。當一、三壘都是我的防守選項時，真正要比拚的就是球棒火力了，即使在一壘防區真的出現打擊剽悍的競爭對手，想要拚火力最大化的總教練就會在三壘幫有打擊實力的人找位置，前提是自己的打擊表現一定要維持好。

身為職棒選手，不要想著輕易把位置讓給別人

成為老將後偶爾會聽到旁人的言論說：「選手年紀大了就要考慮急流勇退，趁著表現還行的時候開始擔任傳承的角色，幫忙培養後進。」這類的觀點。

但我的觀念是，培養後進不是現役選手的工作，而是教練的工作，如果我們現役時期

就去對學弟指導技術面會形成越權，也會讓學弟左右為難，如果我的技術指點和教練教的方向不一樣，那學弟到底要聽教練的還是聽學長的？這樣多頭馬車的指導只會讓年輕選手更加茫然。

所以我會對選手做經驗傳承，但僅在觀念上點到為止，技術面的東西只能誘導選手自己抒發，讓他自己去想、自己去講，首要原則是，在傳承經驗時不要逾越至教練才有的權限，其二，我自己也還是現役球員，我還要在中華職棒繼續生存下去，我也沒打算輕易把自己的位置就這樣拱手讓給年輕人。

就像統一獅隊的大學長高國慶，二〇二三年我轉戰統一獅時他已經四十五歲了，但當時還是現役球員的國慶學長，心裡依然有著：「我要跟林益全競爭一壘先發！」這樣強烈又令人敬佩的執著。

這就是職業球員應當有的自覺與自尊！只要還穿著球衣、踏上壘包以後就不要輕易讓給別人，「世代交替」這件事不是時間到了、年紀到了就順理成章要發生，統一獅隊的「餅總」——林岳平總教練曾經說過：「不要用年紀淘汰高國慶，要用實力淘汰，他的表現證明自己還有上場能力，我不會只是因為他年紀到了就不讓他上場，其他球員要有辦法用成績證明自己可以取代他。」

我個人比較認同餅總這樣的觀念。

一切我來坦：別在意被消遣，沒人理你時才更需要擔心

職棒生涯多年來，我被各界取過非常多的外號，好聽的像是新人年因為成績優秀，承蒙徐展元主播惠賜我一個非常響亮且沿用至今的外號——「神全」，來源應該是漫畫《第一神拳》與我名字的諧音。

隨著年資漸長，網路社群的發展也日漸蓬勃，我的外型和球場表現也都曾經成為網友調侃的素材，像是因為外貌類似，我也曾經被網友稱呼為「永澤」（卡通櫻桃小丸子裡的一名男性角色）；隨著場上表現起伏，被網友取的外號更是琳瑯滿目，例如因為我跑壘速

度慢，被人叫做「懶全」、在守備失誤時被叫做「E全」（備註：棒球守備失誤的英語為Error，縮寫為E）、我在開季慢熱，低潮到打擊率僅有一成，也被網友叫過「林一成」、還有就是當球隊連敗時，不管我的表現好還是不好，網友都會說要「林益全來坦」，所以後來我也被叫做「坦全」。

「坦」這個字的詳細來源和意義我都不是很明白，但聽來像是「一肩扛起」的意思，總之就是當事情不順、需要找戰犯時，首先想到要某人來背負失敗責任時，就是叫這個人來「坦」。

以前球隊連敗時，我在網路上看到網友說要「益全坦」，那場比賽我有發生失誤，所以我想我確實是坦得合理、坦得坦蕩蕩；但後來幾次球隊輸球的時候，即使我那場比賽打了兩支或三支安打，網友還是要「益全坦」，我腦袋一時有點轉不過來，覺得莫名其妙，心想為什麼只要球隊有任何不好的狀況，網友都要我來坦？

我的個性可能看待任何事情都太過嚴肅認真，有點缺乏幽默感，像我老婆看到要「益全坦」這種留言她都一笑置之，只有我看到當下會想：「啊是又關我什麼事，怎麼什麼都怪我？」

一點都不誇張，我有時真的分不清楚網路留言哏是在開玩笑還是講認真的。看到開玩笑的言論，有時也會往心裡去，然後覺得有點鬱悶，後來也是家嘉跟我解釋說明，我才會知道「這是網友的玩笑話」。

她也進一步開導我說：「你不要覺得網友講什麼都提林益全對你來說就是壞事，恰好相反，這代表你身為公眾人物，對於大眾是真的有記憶點和影響力的，而且範圍還不限於棒球，連籃球、甚至重大民生新聞的留言，都看過有人提要『益全坦』，這代表你不但有知名度，而且還是跨界知名度，這一點你應該要感到高興。」

我轉念一想，欸，真的是這樣沒錯，網友玩梗都會想到林益全，代表真的有人在關注我，我的知名度好像還真的有跨界影響力，像某一年緯來體育台邀請我參加預測ＮＢＡ總冠軍的活動，我預測太陽隊會拿冠軍，結果太陽隊輸給公鹿隊，籃球迷也說要「益全坦」；又有一次台中發生大停電，在Yahoo新聞的留言也有看到網友說：「林益全以前打台電棒球隊，所以台中大停電當然就是『益全坦』！」

我後來知道這就是玩笑哏，而且可以視為具備知名度的象徵，當哪一天真的沒人討論我、都遺忘了「益全坦」這個詞彙，才真正代表身為公眾人物的我已經過氣、沒有討論價值了吧？

益家人，全家人：家庭是我成為完全體的後盾

剛結婚的時候，我曾經跟多數職棒球員一樣，當老婆提起棒球的事，我會先入為主認為：「妳是外行人，棒球妳不懂啦。」我最初並沒有把「夫妻檔」視為「我個人」棒球事業裡的一個團隊，所以我會反駁她的建議，並且覺得她太過異想天開。

像前面提過很多次，她認為我應該要能達成單季四成、兩百安的事，當年我除了覺得前輩都沒人達成過，現在要我做到是天方夜譚以外，那時候我正苦於被對手心戰喊話威脅，但又不想把這些脆弱面展現出來讓老婆知道，所以在內心自我設限，並一口咬定老婆

大暴走
神全暴走!

說的目標絕對不可能有人達成。

後來王柏融選手達成那些紀錄以後，我時常被家嘉揶揄，雖然明知道她說的是實情，但當時我內心的大男人主義作祟，不想這麼快承認自己的錯誤，所以回話時還是很嘴硬。但隨著家嘉分析事情精準命中的次數愈來愈多，我自己其實心裡慢慢有底：「我老婆或許比我想像中的還懂棒球。」

從她建議我要重訓開始，我就想方設法逃避，但她也軟硬兼施，用一切方法讓我嘗試改變，她不但引用彭政閔學長的案例，也分析了我當時在球隊碰到的客觀環境改變，讓我能夠靜下心來思考，把眼光放得更長遠一點。

她知道我年輕時可以仰賴穩定出賽和大量打席來調整手感，球隊也都給足機會，所以全年賽季結算時，我的成績都會如預期般趨於高標，大家就不會在意我開季慢熱的問題。

但到我職棒生涯進入中後期，球團世代交替的浪潮興起，資深選手不再有充足的調整空間，我面臨要在縮限的出賽數裡盡快打出成績才能得到固定上場機會，所以我被迫要做出改變才能反應在成績上，家嘉也利用了大環境變化的趨勢引導我走向重訓之路。

從決定重訓以來，她不只幫我找管道，還親力親為陪我一起訓練，為了練習要能知其所以然，她特地去進修課程、考取證照，只為了找到最適合我打者適性所需要的訓練模式。

這幾年來，是她一路從重量訓練、營養調配、作息起居，到與心靈面相結合的調香和數字易經等……逐步讓我接受新知薰陶做出改變，我的老婆林家嘉，她不只是家人，更是我的事業夥伴，是因為她刺激我求新求變，才讓我能夠延長職棒生涯至今。

我承認我的個性固執、性格古怪難搞，加上脾氣也不算好，如果沒有她這麼積極努力，用嚴謹到近乎苛刻的態度看待我的事業經營，說真的要改變我並不是這麼容易的事情。

家嘉幫助我的面向實在太多太多了，如果要在這裡全部敘述出來，可能要再寫成一本書……啊，等等，那本書已經出過了，那就是我老婆的傳記《不做星光，也能成為一家人的太陽》，找到機會就要工商服務一下，想要知道更多，歡迎各位讀者兩本書一起購買閱讀。

我想額外提提在她書裡沒有的小故事，像是她近期幫我受訪加分的事。

我有一個原則是在事情沒做到之前不喜歡把設定的目標和努力過程講出來，因為會覺得自己接觸的東西都還在實驗階段，如果受訪時就先對媒體講，好像在說大話，事後若是沒有達成，就會變成笑柄。

像我在二〇二四年底的自主訓練階段決定花錢投資自己，要在二〇二五年全年採取運動科技化輔助訓練，當時有記者針對此事來專訪我，想知道我嘗試運科後的想法，而我又像以往一樣成為受訪時的「句點王」。

記者問我：「從事運動科技訓練後接下來有什麼規劃？」

我回答：「就是希望可以繼續打下去。」

對，又是這種讓媒體朋友寫不出報導的回答。

& CONDITIONING
訓練中心
dream
HYPERFORMANCE
STRENGTH & CONDITIONING

家嘉在一旁聽不下去，忍不住跳出來幫我補充，她讓記者知道我的初衷是：「即使季前還沒決定跟哪支球隊簽約，但不管到哪個年紀，我都嚴謹看待訓練，我近年在接觸運科以後產生了濃厚的興趣，讓我決定在季前下重本投資自己的事業，因為我認為採用運動科技輔助，可以幫助自己更有效的訓練。」

結果後續的訪談，都是家嘉在幫我傳達上述的理念給記者前輩知曉，報導一出，也讓目前在跟我經紀人接洽的球隊知道，休假期間林益全並不是真的只是在休息而已，無論將來動向為何，我對於持續提升個人競爭力始終抱持著旺盛的企圖心。

把雙方相對無語的訪談，補充到成為鉅細靡遺的專題報導，這就是家嘉陪伴我的日常，她總是細心觀察、適時協助，幫我補足我沒做好的地方，在我的團隊當中，她是最神的神隊友。

有孩子們參與的職棒生涯，再辛苦都值得

職業選手現役時期最常缺席的親子相處，家嘉一樣設法幫我彌補，提升我在孩子們心目中的地位，並盡力增加我和兩個小孩的親子互動時間。

在我女兒小蝦卷學齡前，家嘉就帶著她跟著我的比賽全台球場巡迴，每場比賽都帶她到現場幫我加油，這樣女兒也會覺得爸爸只要「下班後」就會陪在她身邊；到蝦卷和兒子喬治都開始念書以後，家嘉採取另一個方案，每週她會先研究賽程，確認我五、六、日的比賽所在地，到週五學校下課後就直接載小孩一起來球場看球，週末三連戰時帶著孩子跟我同住。

如此一來，一週就爭取到週末的三天和休假的週一，等於全家人可以相處四天！對我而言，看到孩子的笑臉可以緩解相思之苦，也能轉移球場競技的高度壓力；對小孩來說，一週裡有三至四天可以看到爸爸，在球季進行期間已經是難得的幸福時光。

當家嘉帶孩子去看球的時候，也時常對他們機會教育說：「你們在觀眾席看球都嫌熱、怕淋雨，但是爸爸不能因為天氣選擇不工作，他這麼努力，就是為了賺錢養家。」

在教育孩子時，我老婆也盡量不讓我扮黑臉，不讓小孩覺得：「你已經很少陪我們了，見面時還要罵我們。」

現在回想起來，我沒有複製上一代的教育和互動模式，雖然我跟我父親一樣戀家，我也都會關心父母、想要孝順他們，但從小與我爸媽相處至今，這些關心都不太外顯，也很難對彼此說出「我愛你」這三個字。

現在的世代不同了，我們對小孩常常表達關心和愛意，但卻不要求孩子以孝順回報，而是希望他們長大成人以後，還可以維持和父母的親密感，也希望不管將來他們在外面發展得如何，都能把我們家當做是永遠的避風港。

有時候我因為工作忙碌，也會有本來跟孩子們約好一起玩，卻要他們等待、甚至爽約的情況發生，這種時候他們常會脫口說出：「說到沒做到，最討厭爸爸了！」

這句話真的會刺到我的心裡面，我覺得在我職業作息允許的範圍內，我已經盡可能努力的陪伴小孩了，但卻還是無法完全滿足他們的願望。

聽到他們說這句話，有時會讓我回憶起自己的童年，小時候我父親也會跟我約定下班後一起打羽球或棒球，有時候我會從下午就開始期待，把打擊框都畫好，把所有器材都準備好，但到了約定時間，我爸卻接到臨時工作必須出門處理，我當時的心情也是感到同等失望，覺得約好的事情卻被欺騙，當時我沒辦法體會父親必須外出賺錢養家，明明重視與孩子的約定，卻因為不得已而無法兌現承諾的內心煎熬，如今同樣身為父親的我，已經全部都能明瞭了。

我盡量調整自己，不讓孩子們無心的話語傷到自己，另一方面，在內心也更能體諒我的父母，我想，小時候的我，肯定也有很多讓他們這麼為難的時候吧！

為了孩子們心目中的自己，再努力更久一點吧！

我覺得我很幸運，在一雙兒女逐漸懂事的同時，我職棒生涯一些重大的紀錄剛好陸續達成，他們都有參與並且都能留下記憶，像是我的職棒生涯兩百轟、兩千安，蝦卷和喬治都在現場，而且還能清楚記得那天發生的事，這讓我感到很幸福，美好的回憶是親子間無可取代的寶藏。

我過去曾經閱讀過一篇關於松坂大輔的報導，松坂選手在二〇一九年時為了讓兒子和女兒能夠看到自己在投手丘上繼續投球的英姿，所以帶著滿身的傷痛努力延續自己的職棒生涯，這種想法如今也充盈在我的內心裡：「為了我兒子喬治，我想要再多拚幾年！」

喬治很小就對棒球展現興趣和天賦，他現在也在打社區棒球，我也會很想知道：

「他學校的同學裡，有沒有人知道他爸爸是誰？」

「有沒有人會跟他談論他爸爸在球場上的表現？」

「當他跟同學或隊友聊到自己的爸爸時，我的表現是否讓他覺得驕傲？」

這些念頭，支撐著我不想這麼快從現役生涯引退，我希望能夠多打幾年職棒，盡可能用自己的表現，帶給喬治多一點難忘的回憶，對他將來的棒球路能有一些啟發。

根據我媽媽的轉述，我跟喬治小時候一樣都很愛哭，這一點我自己沒有太多記憶，但我兒子確實很愛哭，我現在看到我兒子，再去聯想我媽敘述裡我小時候的樣貌，我想或許媽媽說的是事實。

面對愛哭的兒子，我心裡常忍不住會想：「這麼一點小事就哭，你以後怎麼成大事？」或許我對他有一點嚴格，但我的觀念還是比較傳統，我覺得男子漢不應該講沒幾句話就哭，凡事都有方法可以解決。

像是有一次他在比賽時擔任投手被打全壘打，下場後我問他狀況問沒兩句他就哭了起來，但其實他才三年級，面對五、六年級的打者挨轟也很正常，但我發覺他骨子裡跟我一樣流著好勝的血液，玩什麼運動都不想輸！特別是當我去看他比賽時，他覺得讓我看到他被打全壘打很沒面子，在那當下他選擇用哭泣來表達他的不甘心。

這個畫面不禁讓我重疊起自己的少棒時期，想起那些已經快被淡忘的回憶，當我被高年級生打全壘打時，我也曾經不甘心到想哭，而在我跟爸媽訴說自己的感受時，他們只是冷淡地說：「被打全壘打就是你不夠好，就是要想辦法讓自己變得更強啊！」

這就是我父母那個年代，長輩鼓勵人的方式，他們想透過輸球的不甘心刺激你練得更強，現在失敗的經驗反而會增添將來的信心；但當時的我無法理解，只覺得為什麼我爸媽這麼冷淡？同時也讓我反思，如果我現在對喬治講相同的話，是會激勵他成長？還是只會讓他感受到一樣的冷漠呢？

我知道喬治的自尊心重，他一直覺得自己很強，結果上場挨轟以後信心受挫，我決定不要像我父母一樣直言：「是你不夠強」，我對他說：「你這顆球丟得很好，只是人家打得更好。」我跟我父母的期許是相同的，但我想這樣的講法，喬治應該比較能夠接受吧？

台中小道奇幼兒棒球隊
Dodgers

不打擾，是我的溫柔

每次我帶喬治去練球，他到場以後我就會盡快躲到大家看不到的地方，找一個沒人注意我的角落默默從旁觀察喬治有沒有融入團隊、有沒有遵循教練的指導、能不能和隊友打成一片？

在少棒這個階段，我不希望介入到小朋友學習的過程，因為我是過來人，加上自己的身分還是現役球員，我不希望增添教練和喬治不必要的壓力，我希望他像海綿一樣吸收基層棒球帶給他的觀念和樂趣，自由發展，享受這個階段的棒球。

我不希望用職棒選手的視角過早干涉到他的世界觀和棒球觀，我在他身上看到天賦和潛能，但我不想在他這麼小的時候就急著去開發，我希望他一個層級、一個層級的體驗，階段性的綻放自己的光芒；在過程中我盡量扮演一個安靜的觀眾，這樣他和教練、隊友間的相處會比較自在，這是他的棒球人生，不去打擾，是我作為父親的溫柔。

團隊的力量，就是每個成員都把自己的表現做到最好

我的職棒生涯待過興農牛、義大犀牛、富邦悍將和統一獅等四個不同的球團，每個球團都有自己的組織文化，建軍方向也會隨著經營團隊不同而有差異，但各球隊追求的目標萬變不離其宗，要的就是成績——簡而言之就是總冠軍。

很多球迷因為興農牛轉賣前最後一年的省錢印象太過深刻，所以對球隊最終僅留下經營球隊「很摳」的評價，但平心而論，要說興農牛真的很「摳」嗎？我在那裡打了四年球，在那個大環境艱辛的情況下，我認為他們給予表現優異選手的薪資和獎金其實很大方。

當中、小企業經營的球隊轉賣，換上大集團接手以後，對於選手就肯定會更大方嗎？其實也不盡然，像是勝場獎金方面，可能就不見得有以前的球隊大方，從前人家評價

Lamigo桃猿隊在劉玠廷領隊掌舵的時候很「摳」，但是劉領隊給予好成績選手的薪資待遇、勝場獎金，他也是一毛錢都沒少花。

不同的經營團隊會有不同的業績目標和管理方向，沒有絕對誰好誰不好，但對球員來說不可能改變的重點是「有沒有繳出好成績」給球隊看，只有繳出好成績，你才有資格評斷待遇好或不好。

像是棒球協會的辜仲諒理事長，在二〇二四年世界棒球十二強賽以前也曾經說過台灣的成棒階級打擊太弱，會拖累世界排名，但後來中華隊很爭氣的拿下世界冠軍，他也把獎金大方發出去，說得現實一點就是「沒有成績一切免談、有成績一切好說」，不管在哪個組織當中，這都是不太變動的道理。

在寫這本書回顧職棒生涯時，我細細研究自己是不是一個能融入團隊的人，就我的個性和社交模式來看，我好像不太能完全融入；但若就十六年來我待過四支球隊、和十五位總教練以及他們組織的教練團都能共事、還都能繳出穩定的成績表現來看，我似乎又能說是在每支球隊都能融入，就看你如何定義「融入」這個詞彙了。

在我的觀點中，只要球員有實力，融入團隊就不是問題，因為實力是職業球隊最迫切的需求。坦白說，如果你有實力，球團和教練都會設法讓你融入；真正完全無法融入球隊的人，個性影響倒是其次，主要原因都是實力不足或不夠自律。

在中華職棒，無論是以往的四隊還是如今的六隊，選手被重視的不變條件就是實力，球隊重視的就是團隊戰績和個人成績，所以當你身為一個職業球員，首先要有辦法展現自己的能力，再來就是成員們各自都將能力發揮出來貢獻給球隊，只要每個人都能做到這一點，團隊實力就會很強。

我認為所謂的融入，取決於你的能力是不是能為團隊所用；而一個團隊是否和諧，並不是刻意去做什麼舉動彰顯氣氛有多融洽，真正需要刻意凸顯和諧，往往就是因為球隊狀況不好，才需要球員做這些來顯示「團隊氣氛很好」、「我們很快就能扭轉頹勢」。

老生常談的一句話就是「贏球治百病」，只要球隊戰績好，高層、球迷從各個角度看一支球隊都會覺得毫無問題；只要戰績不振，那高層看球隊就會覺得「又在做賠本生意」，接下來就是檢討團隊哪些冗員需要裁汰、哪些球員打不好該減薪、哪些教練沒教好要撤換，只要不贏球，團隊中所有績效不好的人看起來都格格不入。

因為我的職棒生涯夠長，相處過很多經營團隊，我認為各球團會經營職業運動初衷都是美好的，如果不是很有熱忱，真的不會想花大錢投資職業棒球；但是不管初衷再美好，也無論背後是中小企業還是大集團在支持，所有中職球隊組織文化裡最重視的必然都有兩個重點——「團隊戰績」和「球員成績」。

團隊戰績好、球員個人成績也好，那很棒，這個賽季就是球隊與球員的雙贏。

團隊戰績差、球員個人成績好，至少你在球隊還有立足之地。

最慘的就是團隊戰績差、球員成績也差，那自然被當戰犯、減薪、出賽數銳減甚至釋出，都是可預期會面臨的處境，這些運作模式多年來在各隊都一樣，因為職業球隊強調的目標就是贏球。如果要給同樣像我這樣不擅長社交的人建議如何很好的融入每支球隊？我覺得還是得要先認清「融入」的本質，就是你能夠為團隊貢獻的力量有多大。

團隊是相互掩護弱點，達成共同目標

我曾經也有負氣的想法，認為「我把自己打好就好，其他人怎麼樣我不管」；但這種賭氣想法對我而言實際上是不可能付諸實現的。

已經打到職棒了，上了球場誰想要輸？我上場的目標就是要獲勝，但是棒球這項運動要靠一個人的能力改變戰局非常困難，我就算把自己做好、做到很好、做到最好，只要先發九人有半數不能正常發揮實力，球隊的贏面還是很低。

所以每當走進球場，看到隊友有狀況，不管內心本來抱持什麼想法，當下都會覺得不能夠這麼自私，即使提點的可能是你先發位置的競爭對手，就算潛意識難免浮現：「幫他就是卡到自己」的念頭，但在比賽當下，讓團隊勝利的意志，還是會蓋過想自保的私心，如果有能力，我們都還是會盡可能的幫助隊友。

每天比賽的先發九人，踏進球場的共同目標就是為了贏球，就算自己打再好，沒有隊友的發揮也很難贏得了，當先發打線有半數的攻擊實力正常發揮，球賽的執行細節如戰術、守備穩定度等環節都有維持水準，這樣團隊的勝率才能夠提升，這些環節的穩定，不可能只靠一個人做到。

不管球隊陷入什麼處境，不管球員間對彼此有什麼想法，在球隊陷入泥沼的時候，我們就是設法手把手的一個牽一個，分享敗中求勝的方向與策略，只要贏球這個共同目標沒有改變，那我們就都是同一條船上的戰友。

在後勤提供了情蒐資料以後，我們知道明天先發投手是誰，在隔天的小組會議裡，有想法的人、對戰這位投手打得好的人，就會站出來分享攻略心得，如果先發裡六、七個人對戰都打得不錯，提出的方向也很一致，那我們的攻擊信心就會提升到八成把握，這就是集思廣益帶來的力量。

當我們今天的先發投手是球隊的四或五號，並非前三號的強投時，打者私底下也會有

統一麵包

默契，要怎麼掩護今天這位先發投手？他可能是滾地球類型，內野組的守備要更注意降低失誤率、或是他前兩局的失分率偏高，我們野手群如果可以先幫他拿下一些分數，對於他的投球自信心會大幅提升等等，充分了解敵我情勢，靠團隊的力量掩護彼此的弱點，這樣才能達到求取勝利的共同目標。

打者適性的認知非常重要

在富邦悍將打球的時期，我提點較多的是關於王正棠選手的打擊適性。

他是一個很有打擊資質的選手，但他難以突破的點在於心態，他是一個心裡容易想很多、特別愛鑽牛角尖的人，個性也很固執，不是誰給他建議他都聽得進去。

二〇一八年季中選秀簽約進入球隊後的下半季他打得很好，但隔年開始打全年完整賽季起，他連續好幾年在球季尾聲陷入低潮，甚至幾度以受傷收尾，我認為他常在球季收官階段受傷可能與訓練方式有關。

在富邦悍將跟他當隊友的四、五年間，我常提醒他盡早認識自己的打擊適性，他的優勢在於腳程還有擊球 contact（球棒與球的接觸）能力很好，只要結合發揮這兩項特長，他就會成為一位破壞力十足的一、二棒，像樂天桃猿隊的陳晨威選手那樣。

我跟他說：「你有腳程、擊球率也高，應該要試著發揮這些優勢，確實擊球並且發揮速度，當一個高安打率打者，並試著靠腳程提高二壘安打產能，這會是你最有破壞力的攻擊武器。」

但不知道為什麼，他一直認為自己是個能夠量產全壘打的打者，他覺得自己一年有潛力可以敲出二十轟；但我直白地跟他說，我看不出他有這樣的產能，我反倒認為他是那種可以一個賽季打一百五十支安打和三十支二壘安打的高打擊率打者。

認識自己的打者適性，對年輕選手而言很重要，也是我過去幾年一直重複跟他強調的，但因為他重量訓練做很勤、又壓得很重，所以他仍然抱持著自己可以量產全壘打的自信在維持打擊型態，多年來始終未變。

此外，在打者的另一項重點——球棒的選擇上，正棠從開始打完整賽季以來，他也是有「看誰當時打得好，我就換哪個牌子的球棒來用」的習慣，所以職棒生涯前幾年他不斷在更換球棒，但似乎一直沒用到貼近自己打者適性的球棒，如果對自己的擊球特性不了解，就輕易替換球棒使用，打擊結果很容易不穩，個人成績也會起起伏伏。

這樣的狀況一直持續到二〇二四年球季，我發現他修正了自己的擊球型態和策略，也打出了我覺得他應該能輕易達標的成績，如果他之後能夠調整訓練內容，改變球季後段容易疲勞或受傷的狀況，他的成績應該還能再向上提升。

與同適性的選手交流，所得會更豐碩

球員間都會相互討論，學習彼此的長處，但其實「打棒球最後還是要回歸自己。」

這句話的意思，是要找到適合自己的選手適性，棒球員在青棒時期，無論是安打型、長打型，任何屬性的選手在這個階段差不多會逐漸定型，特點也會更加突出鮮明，在發育完全以後，每個球員的身體構造、發力方式、發力點、手腕運用等特質都不盡相同，這可以統稱為「選手適性」，所以如果只是羨慕別人的能力就去學習，結果對方的方法跟你本身的選手適性不符，最後反倒會適得其反。

像鈴木一朗的「鐘擺式打法」和落合博滿的「神主打法」，兩位強打的兩套打擊方式同樣聞名於世，但是在身體的運用上卻完全背道而馳，打擊理論千百種，沒有人可以斷言哪種打擊方式是完全正確的，許多打擊姿勢獨特的明星球員，有些是為了適應自己的身材條件、有些是為了抓準原本掌握不好的揮棒時機，又有些是為了矯正原本身體慣性的陋習，才研發出特殊的打擊方式，這些方式或許適合那位選手揚名立萬，卻未必套用在其他選手身上都能成功，如果光靠模仿名將的打擊機制就能打出名堂，那人人都是鈴木一朗、王貞治和落合博滿了。

如果真的要學習前輩的優點，最好是尋找選手適性非常接近的類型，像是現在統一獅隊陳傑憲的打擊特質，和我年輕時在興農時期的打法非常接近，都是手腕運用好、球棒控制力強，揮棒涵蓋範圍大的打者，同適性狀態下一起做研討和交流，收穫會更可期。

因為適性相近，所以也能預期同適性打者在職棒生涯後期因為年齡漸長、體能退化，在打擊上會碰到類似的困境，像我與傑憲都是揮棒涵蓋範圍大的打者，用打電動的術語來說就是打擊框框很大，什麼位置的球都敲得到，加上我們在選手巔峰期揮棒速度夠快，所以好球帶邊緣位置的球我們敲到後都能打得強勁，因此造就我們成為高安打產量的打者。

但是這種類型的打者，劣勢會出現在年紀漸長以後，揮棒速度變慢，當揮棒速度掉下來，影響最大的就是擊球的強勁度，即使揮棒涵蓋範圍大，投手投到任何位置都還是碰得到球，但因為揮棒速度變慢導致擊中球以後不夠強勁，年輕時會形成安打的球，到中年就會變成軟弱無力的滾地球，這也正是我在職棒生涯中、後期會特別重視揮棒速度特訓的原因，這是同適性打者在交流時可以相互傳承的經驗，讓年輕世代可以延後打擊衰退的發生時間。

兆豐銀行
TAINAN
UNILIONS
99
兆豐銀行
TAINAN
UNILIONS
24

分享交流但不逾矩

隨著年紀漸長，我與年輕選手交流的過程愈來愈謹慎，我希望證明給球隊看，林益全有老將的經驗價值，除了自己的成績，另一項珍貴的資產就是過去累積的經驗。但要交流經驗給後輩時，要懂得分寸拿捏，因為我現在的身分是選手而不是教練，近年來我盡量採取傾聽的方式，讓學弟說出他碰到狀況時當下的想法，不隨便給予技術面的指導。

如果我在比賽當中給了太實質的技術建議，比方說某個打席我觀察到對方投手的狀況，建議學弟上場可以打變化球，但打擊教練可能看過雙方對戰數據後建議學弟打直球，這樣反而讓該選手上場時感到困惑，甚至影響打擊結果，如果不巧他是打變化球沒打好出局，下場後說一句：「全哥剛剛叫我打變化球。」那教練心裡肯定會不舒服。

近年在休息區待命的時候，有時我會幫教練輔導年輕後輩，當碰到球場上的突發狀況時，該鼓勵的、該提醒的都要去做，但提點的不是技術面，而是精神鼓舞層面會做得比較多，當選手打不好、心情差，可以不用直接跟他談技術，試著聊天引導，了解他內心想法、或是單純讓他抒發心情，若是有人可以聽他傾訴，話說出來以後其實內心的壓力就少了一大半，後續他面對問題時，說不定自己就可以解決。

他人的成功模式，未必適用於每個人

關於從事重訓，我從最初的排斥到半推半就、最後變成自發規律重訓的過程，在家嘉的書中已經用了很多篇幅著墨，這裡就不再重複敘述。總而言之，在職棒生涯到達顛峰時我一直都很鐵齒，當年我跟我父親都覺得：「不用重訓成績就這麼好了，為什麼還要畫蛇添足？」

在專業訓練知識還沒在台灣普及前，我一開始的認知不足，當年很多選手的觀念都認為：「我們很認真的持續練習揮棒跟跑步，對於肌力強化就會產生作用，對我們而言這就是重訓啊。」但其實棒球員運動時的發力是很細微的科學，僅靠揮棒和跑步是無法有效鍛鍊到身體各部位需求的。

別說以前，直到如今多數的職棒選手都還是很固執，尤其是已經有實績的選手更是如此，當碰到有人提出建議，可能還要看「對方有沒有打過棒球」、對方如果有打過，還會看他「球員時代成績打的怎麼樣」，再決定要不要聽取他的意見。

所以對我而言，要看「不重訓對一個選手會有怎樣的影響」，我當然也是以中職最偉大的選手層級來當範例。

家嘉在當時分享給我幾篇專欄和相關報導，內容分析了彭政閔學長在職棒生涯中期長打數據斷崖式下滑的狀況，以及他前幾年曾在青棒訓練營中和年輕球員分享，發出「三十歲以後才懂重量訓練」的感慨之後，我才開始正視自己也有長打下滑的徵兆，恰恰學長的成績曲線就擺在我眼前，比任何言語都具有說服力。

順帶一提，職棒圈有一個比較需要改變的老現象就是「成績好的現役球員比較難被改變、現役時期成績差的教練比較不敢教」，前者因為成績好，所以不容易聽取別人的意見；而現役時期成績差的教練，怕指導成績好的選手結果對方打不好，責任會歸咎到自己身上。

在此風氣下，坦白說就連我決定要重訓都還是找到林仲秋和林弘偉他們父子來合作，有一部分原因是秋哥在職棒的資歷和成績足夠令我信服，嚴格說起來，我在重訓初期仍是抱持著當時球界的固有觀念。

最初透過經紀公司物色合作單位時，也曾經先從業界較為知名的重訓教室開始合作，但練到後來發現重訓教室無論是針對任何類型的選手，幾乎都是採強力負重的訓練模式，因為這種模式曾有選手採用後得以順利旅外的成功案例，所以該流派針對任何學員幾乎都採行同一套訓練系統，但他人的成功模式，未必適用於每位球員。

有些選手的打擊風格在於強調力量和長打，那確實負重訓練對他而言比較有幫助；但有些選手的特長可能在於身體的柔韌及手腕的運用，那他的重訓菜單需要強化的就不是一味增強力量，而是適當保存肌力、鍛鍊核心肌群，維持既有的揮棒速度和穩定度才能發揮特長。

在最初的重訓練習後，我因為負重量大，身體的力量是充足了，甚至可以說是力大無

窮，但我練到全身僵硬，每次揮棒感覺都像要把球打爆，但是球就是飛不遠，不是噴天就是滾地，二〇一八年因為上半季重訓結果不如預期，下半季我跟家嘉商量後，決定把私人重訓練習先暫停，直到後來持續物色溝通，才輾轉找到秋哥之子林弘偉教練，經過一段時間研討以後，終於找出適合我的重量訓練方式。

弘偉是專業的體能訓練教練，一開始是由家嘉先代為出面和弘偉面談，弘偉說：「我研究過益全的經歷和打擊型

有弘偉（右一）的幫忙，讓我的重訓之路不再迷茫。

態，我認為他不適合盲目地壓重訓練，他的肌肉量要維持，但揮棒速度不能慢下來，不然沒有辦法發揮他原本的特長。」

經過和弘偉面談以後，家嘉也認為他的訓練方向和我的需求更接近，因此雙方一拍即合，決定就此展開合作。在弘偉的建議下，我重新調整了重量訓練方向，強調核心和轉體，以維持肌力、強化核心強度為目標前進。

在技術面，我也商請秋哥親自來協助我做打擊練習，在前面有提過，秋哥針對我的打擊型態和打擊冷區做特訓，採取速度派揮棒訓練模式，透過狂丟猛打的餵球打擊練習，加強我的動態視力、揮棒速度，以及對於好球帶高球揮擊的直覺反應。

也是在重訓以後，我發現訓練師的經歷和溝通能力真的非常重要！因為弘偉以前當過棒球選手，加上他父親本身就是資歷甚深的職棒球員，他的人生經歷讓他對職棒選手的作息和環境生態非常了解，他本身也懂選手的棒球語言和肢體語言所要傳達的意義，所以更能站在受訓球員的角度，看待選手當下的狀態並且適時調整訓練內容。

比方說，每個私人訓練師肯定都知道職棒選手在賽季期間會長期坐車移地比賽，某日受訓選手反應自己剛經過長途跋涉，教練其實都知道：「喔！你剛經過舟車勞頓，那今天應該來做些訓練課程的變化。」但舟車勞頓，具體到底是多勞頓？比較會影響到身體哪些部位？疲勞又是疲勞到什麼程度？

這些細節是一般訓練師比較難理解到這麼深入的，但弘偉因為家學淵源，所以能夠知道這些「眉角」，自然也能夠因時制宜、因材施教的調整菜單。

有時候，弘偉也能觀察出選手訓練中顯現的疲態，其實不是身體疲累，而是賽季進行到中後段累積出的倦怠感，屬於心理層面疲勞，那他當天可能就會視情況不要做體能，而是讓球員做例行身體活化，並多花時間擔綱心靈導師的角色跟你聊聊棒球、聽你抒發心情，以心靈代謝為當日的主要目的，讓選手能在這天的訓練中身心方面都有收穫，這就是他跟一般訓練師不同的地方。

經過長期合作，我發現弘偉在觀察選手狀態的實務經驗確有獨到之處，他因為長期觀察與調整、接觸我的身體後，他發現我左、右身體有力量不均衡的問題，也建議我要針對這點做修正；但因為當時沒有儀器可以做檢測，他不知道我的左右失衡到什麼程度，直到後來幾年我接觸了運動科學，透過儀器輔助檢測出確切數據後，證實了他的觀察是正確無誤的。

運動科技的嘗試與實驗

從年輕的興農牛時代，到義大犀牛的巔峰期，再到富邦悍將以及後來轉戰統一獅，我每年設定的目標，都是讓今年的林益全超越去年的林益全，呈現出更好版本的自己。

但是在世代交替的洪流當中，身為資深選手，我的上場時間已經逐年減少，我無法將自己的進步顯著呈現於場上的數據表現時，我還是要設法證明給自己和球隊看「林益全仍然是球隊不可或缺的一員。」

在有限的出賽機會、甚至是每場比賽有限的代打席次當中，我必須提升打擊機會的把握度，假設新銳主力選手有一百二十場的機會，而我只有六十場的機會，我卻能夠提升把握度，打出跟他相似的成績，這樣在教練團眼中就是球隊會需要我的實證。

要提升有限打席的掌握度，我必須更了解自己身體的細微狀態，也正因為如此我決定更仰仗運動科技的力量，來幫助我做全年度階段式的科技訓練。

在職棒生涯下半場，我必須習慣不能場場先發的境遇，也不能再像過去一樣仰仗實戰慢慢調整，我必須更有效率地打出成績。

最開始碰到出賽數銳減的時候，球員都會顯得很焦慮，這種時候愈是心急反而愈打不出好結果。所以從近年起，我在自主訓練時就開始採用運動科技，更重視身體各部分的數值、揮棒狀態的各項指數檢測，透過更理解自己，才能訓練得更有效率，並且逐漸將調整運用到實戰當中，在有限的出賽數和打席數中更精準地達成目標。

我從二〇二四年底的自主訓練起就採取運科訓練，在二〇二五年賽季，我將是中職第一個用運動科技輔助訓練整個賽季的實驗者、運用者。坦白說，全年賽季皆採取運動科學訓練的費用確實所費不貲，但為了延續職棒生涯，提前投資自己絕對是值得的！

ronfic

我在二〇二四年底起，與台中的運科中心展開合作，由於他們以前都是訓練國家隊的國手居多，也是首次服務職棒球員整個賽季，所以從前也沒有既定的全年服務費價格。我跟他們的合作採取分階段式服務報價，從自主訓練、春訓、練習賽，到例行賽季開打，以各階段訓練所需內容分別報價，像我在農曆年前的自主訓練報價就要十餘萬，當然內容除了科技檢測和訓練外，還有高壓氧、治療等全套服務，所有的訓練和治療都在同一個地方一條龍完成，所以自主訓練一趟下來往往要三至四個小時。

在這裡接觸到的最新儀器，儀表數據項目都有中文顯示，像是擊球角度、揮棒速度、平均出力、最大力量……等等，有數字和中文說明，測試結果一目了然。

而且我訓練時的任何動作，都會輔以儀器檢測數據，像是心律、攝氧量，連我在訓練過程是否憋氣、是否有正常換氣，儀器測試出來的數據顯示都能清楚知道，也能讓我馬上調整訓練過程不至於練錯。此外中心內的所有重量訓練設備都設有緩衝機制，讓我在使用上安全無虞不會受傷。

我每次在中心訓練時都會嘗試接觸新的儀器，這些新知識和收穫讓我很感興趣，像是自主訓練時，我可能某次打擊練習一直連續打出界外球，但其實揮棒過程我都覺得有設定到了應該會打得好，但為什麼還是一直擊出界外球？

透過儀器檢測發現，原來是我當時每次揮棒的發力不平均，尤其每次被打界外球以後，投手大多都會在下一球投出再加上速度，那做為打者，每一次的發力、轉體動作，都需要做到次次穩定，才不會明明已經掌握到對方的來球，卻一直錯失機會打出界外。

運動科技對訓練的輔助細緻度超乎想像

先前提過，在我與林弘偉教練合作重訓的過程中，他發現我身體左、右兩側有力量失衡的狀況。

我是左打者，本來我都以為自己的身體必然是左側力量強於右側，但沒想到在透過運動科技儀器檢測後，赫然發現我的身體是右側力量強於左側！

會有這樣的結果，是因為以左打者而言，我真正揮棒力量仰仗的主發力點其實是在右手，左手（及左側核心肌群）在我打擊時，長期負責的任務反而是「收力與控制球棒」，我在出棒的同時，球棒的移動方向掌握在我的左手側，配合擊球的時刻，左手反而是擔任煞車和控制方向的作用。

簡而言之，左打者的打擊，是右手負責出力，左手負責控制，所以長年賽訓以後，我的身體力量會是右大於左。

以左打者而言，右手揮棒力量講究發揮「速度」，左手（及左側核心肌群）的力量則在一邊控制球棒方向並做緩衝準備擊球，以求確實擊中球心。

如果以一輛超級跑車來形容我的身體，我的右手就是負責加速的引擎和油門、左手和左側核心就是方向盤與煞車，對於一輛超級跑車來說，哪個比較重要？

當然是兩者都一樣重要！

因為如果我右側力量大，左側力量跟不上的話，就會造成我的揮棒軌跡不穩定，容易打成界外球；又或者在擊球發力瞬間，我的右手已發力，但操控球棒方向的左手無法配合「同時瞬間加壓」，也會造成整體揮棒力量分散，擊球後的飛行距離就會不如預期。

這就是運動科技儀器檢測後具體收穫的實例，而且身體兩側力量失衡的具體差距還能以數據顯示，在經過測量以後，我可以加重左側的訓練量，並在訓練後持續追蹤檢測，就可以知道身體兩側的力量是否透過訓練日漸趨於均衡。

以團隊為後盾，發揮更強大的力量

我認為現代的職業運動選手，在運動生涯邁向巔峰之際，手裡握有的資源包含薪資、媒體聲量及人脈關係，也都將同步發展到最鼎盛的狀態，應該要在此階段把眼光放得更長遠，無論是運用人脈或是資金投資自己，都應該企圖打造一個以自己為核心、讓各界專業人士圍繞在自己身邊，成為能在職業生涯中持續給予各方面建議和奧援的後勤團隊。

這個團隊的組成，可能包含個人訓練師、營養師、心理諮商師、經紀人、公關或行銷公司……等等，術業有專攻，由各界專業人士組成的後勤團隊，給予運動員個人品牌的疊加效益，絕對遠超過傳統觀念中職業選手靠自己打出成績、揚名立萬，孤軍奮鬥打天下要來得快而有效率。

在我的職業生涯中、後期因為有重量訓練的需求，家嘉和我一起開始訓練，她又持續進修，考取了訓練師證照，期間因緣際會認識了一位專業營養師，這位營養師也成為我後來長期合作的事業夥伴。

曾經我對營養師也是抱持著刻板印象，覺得他要我們運動員吃得健康營養，不外乎就是改為吃水煮、清燙的食物，對我這種偏向肉食性動物、吃慣重口味的人來說，聽到營養調配的第一反應就是「不要」。

但在實際與營養師諮詢過以後，我才知道營養師對於運動員的餐飲建議已經跳脫我以往的思維，他不會強迫我吃自己不想吃的東西，而是採取每天幫助我控制好自己攝取的總熱量，只要熱量攝取受控制、各類別營養需求都有補充到的情況下，其實我依然什麼東西都可以吃，這樣一來運動員既可以達成飲食控制效果，還是能滿足口腹之慾，對營養師建議的排斥感也會大幅降低。

而在專業經紀公司的合作上，因為委託給信賴的經紀人，所以無論是與球隊的合約協商，或是對外的商業活動、廣告代言，裝備需求、品牌贊助，甚至是訓練場地的安排都可以提供服務，節省了我大量的時間，讓我可以心無旁鶩的將全副心思投入在訓練和比賽上。

身為運動選手，在球場上的表現亮眼、生涯發展穩定，在場外又想將個人品牌的效益最大化，甚至在退役以後，仍然希望個人品牌的影響力能夠長久延續下去，那在現役時期多方合作運動品牌的行銷、公關、社群經營者等綜合面向的專業人才，會是新世代球星在品牌多角化經營的道路上必須開拓的方向。

有這樣的團隊圍繞在身邊，會讓你的亮度更與眾不同。

回歸到運動員本業上，一個選手全年度的身體狀況，要如何各階段都清楚掌控？從專屬訓練師、營養規劃師、心理諮商師，在賽季進行到不同階段，都會在身、心靈環節對選手提出專業建議，運動員自身的感受如何？身體反饋狀況如何？有沒有在後續與後勤團隊做詳盡的溝通與調整？這些環節的嚴謹度都關乎整個球季、甚至是後續生涯的表現。

踏出場外，選手的公開言論，無論是實體訪談或社群發言都會有公關協助把關；商業出席和薪資談判有經紀人代為處理；業外拓展的個人品牌效益，像是個人頻道、聯名商品，有行銷公司代為策展操盤，這都會將選手的影響力從運動場內延伸至場外，他們能夠以一種你單打獨鬥、絞盡腦汁都意料不到的方式增加你的商業價值，並且大幅降低你在公眾面前犯錯、或與球團產生矛盾的機率。

以選手為核心，開發出的後勤團隊樹狀圖愈完整、跨領域的連結愈緊密，溝通就愈能暢通無阻，不再需要當事人反覆轉述就能讓後勤單位間直接專業對接的模式，能幫助球員解決的問題就更深入、更快速，這就是新時代運動員深耕後勤團隊的價值。

與隊友交互影響產生的正面效益

近年在訓練時，我持續接受新知的刺激，而我也將這些所得帶回球場，回饋於我與隊友們的相處。

像是在我與林弘偉體能教練合作後，他對選手觀察的細膩度、因時制宜的客製化訓練也更廣為人知，後來我有許多隊友也因為我的介紹，跟弘偉展開私人訓練合作。

另外像是營養調配，有不少隊友得知我和營養師配合控制飲食，讓自己攝取比賽前、中、後足量的營養，又不會吃得很痛苦，所以部分隊友後來也和同一位營養師展開合作，而且成效頗豐。

此外如家嘉精研的調香精油，我時常會因應自己的狀況和心情，帶著不同的調香進入球場，在休息室內自然也會影響到我周遭的隊友，無論是安可、傑憲、古林，他們都很喜歡這種天然香氛繚繞的環境，也會討論哪支精油的味道他們比較喜歡。

偶爾碰到有隊友近況不佳，打球缺乏自信的時候，我在跟他們聊天時，也會同步請家嘉幫我調配一些能讓他們聞起來提振精神、不要持續陷入情緒泥沼的精油。職棒選手的低潮，大多時候就是需要心靈慰藉，他們除了需要有人聽他們抒發心情，過程間最好的輔佐良方，就是提供一些能讓嗅吸後心情平靜、思慮澄明的氣息。

另外像數字易經，也是近年來我跟隨家嘉學習到的新學問，這其實跟星座一樣是一種統計學，我不像家嘉研究這麼深入，我只是略懂些皮毛，可以粗略應用而已；但是在分享運勢的過程，就足以讓隊友產生興趣，有些選手如果想要進一步了解或接受諮詢，我才會再把他們引薦給家嘉，安排時間讓他們去抒發心情、研討自己的近況，有助於改善他們當前面臨的問題。

以我在數字易經的所知，如果算出今日比賽高運勢的隊友，我就會去鼓舞他們說：「你今天的運勢是走高運，你可以對自己更有信心一點，喜歡的球來就積極攻擊。」通常也都會讓他們收到好的成果。

但如果我私下算出當日有走低運勢的隊友，我就不會對他直言此點去影響他的心情，我會換一種方式提點他：「你今天在球場上有點恍惚，專注度可能需要再提升一點。」或是閒聊一下，了解他的生活近況是否有為其他瑣事在煩心。

總而言之，以數字易經的統計學，可以幫助我快速了解隊友狀況，並且激勵高運勢隊友的信心、或預先提醒低運勢隊友提升專注度，我先前說過，職業棒球員為了維持長期的好表現，大多都有信仰甚至迷信，所有球員都會希望求取好運氣，所以只要有任何可以提升隊友自信心的學理依據，都是可以拿來運用的好學問。

我在職棒生涯進到現在這個階段，學會綜合我的「老經驗」和「新知識」來幫助隊友；同樣的，我的隊友們也用他們歡樂的球隊氣氛深深地影響了我，逐漸改變我以往的封閉心態和待人處事的風格。

我以前效力富邦悍將的時候，大家都覺得我很嚴肅、表情總是撲克臉，但其實我自己知道每支球隊的狀況、風格都不一樣，富邦球團賦予我們資深選手的就是公司的理念和領導球隊的重任，在這樣的氛圍當中我會顯得比較一板一眼，不會太過嘻嘻哈哈，在外人眼中看起來，我們好像就不是這麼愉悅和融洽。

但統一獅的組織風格比較輕鬆，球員間也比較會用歡樂愉快的方式相互開玩笑，即使是年輕選手面對資深學長，也都能在尊重的前提下開學長玩笑，學長也都很開心，這一點我在統一獅這兩年觀摩學習到滿多的，尤其是「嘟嘟」潘威倫選手引退的那一年。

潘威倫是中華職棒最多勝投的紀錄保持人，面對成就如此之高的大學長，球隊的年輕選手也沒有把嘟嘟當作「老人」看待，而嘟嘟自己也會試著跟年輕人相處，讓自己看起來更活潑、更有活力。

我被統一獅隊組織文化影響最多的地方，就是受到這群年輕人活潑的啟發，讓我打破先前一板一眼的嚴肅形象，融入這個團隊，去學習怎麼跟他們一起玩，身處在這麼歡樂的氛圍當中，如果不去學習怎麼玩，反而會顯得自己很奇怪；但這並不是一種強迫學習的狀態，而是休息室在自然而然的輕鬆氣氛下，會讓你不自覺的敞開心胸嘗試跟大家一起玩，這就是所謂的「隊風」讓所有進入球隊者自然融入的過程。

即使每個新入隊的成員年紀有別、性格各異，但在統一獅隊，放開懷去跟隨隊友的氣氛一起玩樂，你就會讓心態跟著團隊一起變年輕，不會總是覺得自己很老，在年輕人當中格格不入。

坦白說，將來會在哪支球隊打到退休連我自己都無法預測，但現在的我已經比從前的我更知道要如何去融入一個團隊。在不同的球隊扮演老大哥的角色，都有不同的模式，重點就是要先理解這個企業組織的風格。

我認為真正認識一支球隊的組織文化，確實對傳承、溝通、交流很有幫助，無論如何，不變的是要保持個人的心態開放，用適合你當下所處團隊的方式來貢獻自己的經驗所學，就不會因為感覺突兀，而讓自己選擇封閉，形成「過與不及」都不合格的情況。

在近年經過挫折歷練到重新認知以後，我認為現在的我，無論是在統一獅、甚至重回富邦悍將，抑或是到其他球隊，我都有自信能將「融入團隊」與「傳承所學」這兩方面做得比以前更好。

維力
炸醬麵
Lions
Lions
13

退役選手的嶄新道路

在職棒生涯中，我見證過許多我的前輩、同輩，甚至是我的後輩，多數職業選手都走在一條相對孤單的生涯道路上，在選手生涯時期，大家當然都很專注在鑽研棒球技術上，我現在一直也還是如此；但現役生涯走到後半段時，多數選手缺乏接觸新領域的慾望，於是在退役後，能延續事業的選項也就比較單一，球員退下來就是當教練，沒教練可以當，好像就沒事可做了。

即使是少數能夠卡到教練職缺者，執教以後也會在選手間有好與壞的評價，並不是退役後當上教練就一定能保證長久延續；所以對職棒選手來說，愈是走到生涯中後期愈要開始未雨綢繆，從自己專業項目的訓練和延伸當中，認識不同領域的新知，應用這些知識輔助職棒生涯延續以外，還能同時預先學習，以便開展退役後的第二條事業道路。

棒球員一旦退休，直接當教練是個選項，也是最傳統直觀的一條道路，但像林弘偉那樣，理解職棒圈生態、球員需求和語言、進而成為幫助球員客製化訓練的體能師也是一條路；選手退役前，因為深知行銷包裝對於職業運動的重要性，轉而成為運動行銷或職業經紀人來協助培養新生代球星，則又是一條新的道路。

另外像我近年對運動科技深感著迷，除了認識它的技術學理，我也將學科理論實際運用在我的職棒實戰上，等於在現役階段，我在一邊學習運動科技新知的同時，我比純理論派技術人員更具備的優勢是我能夠兼顧實作，而且我也比傳統科技人員更懂職棒環境生態、球員語言，所以當我學習運科學理以後，將來我能夠成為在棒球運動中銜接學理派（運科技術人員）和實作派（教練與球員）的溝通橋梁。

回想起來最有趣的是，接觸運科的初衷，本來只是為了延續職棒生涯姑且一試的某項實驗，我從一開始的排斥到接觸後產生濃厚興趣，甚至有可能在退役以後，以此做為我開創新事業的重點項目，只能說抱持著開放心態接觸新事物真的很重要，多元嘗試後沒有什麼是不可能的。

追尋偉大，不忘初衷

回想十七年前，我在職棒打出第一支安打時的單純與喜悅，直到如今我已經成功締造兩千支安打的里程碑，過程中我一直記著徐生明總教練昔日的諄諄教誨，「無論買票進場的球迷是兩百人還是兩萬人，我都要拿出最好的表現給他們看。」

職棒生涯即將進入最終章，再過十年、二十年、三十年，曾經親眼看過林益全打球的球迷將會愈來愈少，因為不只是球員的時代會過去，球迷也在不停地世代交替……數十年後，當沒看過我打球的年輕世代球迷討論到林益全這個球員的時候，我會希望他們留有什麼樣的印象呢？

當子傑問我這個問題時，我思索了很久，也想過很多答案，像是最開始我希望大家記得，林益全是中華職棒的「安打製造機」、也是一個擅長打出二壘安打的打者。

又思索了一陣子以後，我也會希望球迷記得，林益全是中華職棒第一個生涯超過兩千支安打的左打者、也是第一個申請成為自由球員卻被扣薪水的選手；林益全是中職第一個拿過三次最有價值球員獎的選手，但也是個曾經被隊友暗指拿金手套不用撲的選手；林益全是第一個在中華職棒打超過兩百支全壘打的左打者、也是一個無論球隊發生任何好事、壞事都需要他「坦起來」的選手。

棒球的紀錄項目種類繁多，有些球員單季產能極高，能在一個賽季內締造驚人的紀錄障礙；但在中華職棒只有少數球員可以擁有超過十五個賽季的職業生涯，並且在期間內都能穩定貢獻成績，最後在歷史排行榜上的特定項目佔據榜首。

我沉澱了很久，從我踏上職棒生涯的初衷當中找到了這個問題的解答。

我希望，將來沒看過我打球的新世代球迷們，能夠記得中華職棒的歷史上曾經有一個叫做林益全的人，他是一個職業生涯很長、表現很穩定，無論別人怎麼看待他，都能善盡自己能力為球隊做出貢獻的人。

在剛加入職棒的時候，我曾經被劉榮華教練評價過：「你的職棒生涯就是要來締造中華職棒各項紀錄的！」我也在新人年，被徐生明總教練用震撼教育的方式提點過：「你要像恰恰、泰山他們一樣，現在好、一直好、還要好很久！」

我記住這些話，努力奮鬥超過十六年，如今我總算可以對恩師說，我並沒有愧對您的期待，我真的拚了命讓自己一直好、好很久！徐總，我可以問心無愧的說，我真的努力過了，後人提到林益全這個名字的時候，可以不用記得那些繁瑣的數字紀錄和獎項，只要第一反應是「他很好」，這樣就夠了，那代表我和您當年的另一項約定，我也做到了。

獻給我曾經不惜一切投入的中華職棒

十七年前，為了要投身職棒事業，我與我父親歷經了無數次的拉鋸戰，甚至冒著被他拿鐵鎚敲頭的危險我也堅持要加入中華職棒，即使我加入球隊的那個年代，是暴風雨前的寧靜、是中華職棒搖搖欲墜的年代，我對自己的實力以及台灣職業棒球環境的前景依然滿懷信心。

我們這個世代經歷過坐在選手休息區可以數得出對面看台上球迷人數的慘澹歲月，而後我們以新鮮人的姿態努力打出成績，重新在職棒園地播下希望的種子，也跟前、後輩們數次投身國際戰場，企圖為職棒樂土上的幼苗挹注更多的養分。

從經典賽、曼尼旋風，兩次十二強賽的成功，過程在中職聯盟和各球團工作者、全體教、職員、球員們、深耕體育報導的優質媒體及不離不棄的死忠球迷群無數努力和支持下，我們才從數百人的場次又重回單場破萬人的榮景，過程回想起來都是血淚，也是沒經歷過該年代的選手們無法理解的沉重歷史教訓。

周思齊學長在引退之際，為何還要臨行依依，囑咐年輕選手要愛惜羽毛，因為他實際走過最黑暗的時代，又終於能在曙光到來時光榮引退，這段血與淚交織的歲月，從他的世代延續到我的世代，耕耘者的火炬代代相傳，才終於從斷垣殘壁當中把中華職棒這塊招牌重新豎立了起來，過程中所有辛勤的職棒工作者為我們點起一盞又一盞的聚光燈，讓大眾的關愛目光再一次聚焦到職棒舞台上。

我希望將來的職棒好手們可以好好珍惜這個環境，因為台灣已經走過無數次假球案的打擊，中華職棒跟我們都沒有被打倒，企業主也都秉持著熱情繼續營運下去；即使我的職棒生涯巔峰處在中職品牌的重建期，但對於優秀選手的待遇提升，資方仍然沒有虧待我們，我在十幾年前簽了一張突破當時月薪障礙的合約，還曾經因此成為眾矢之的，但我想做的除了為自己爭取更好的待遇、為家人帶來更好的生活以外，我也希望能夠樹立新的標竿，讓將來中職好手們有所依憑，待遇能以我為基礎持續向上攀升，而這個願景如今也真的在中華職棒成為「實現進行式」了。

近年的中華職棒，無論是實力、魅力都有所提升，硬體上有大巨蛋加持，甚至在世界最頂尖的國際賽事上中華隊還勇奪冠軍凱旋歸來，有好的舞台、有熱情的球迷、有優渥的薪資和舒適的球場，如今天時、地利、人和都在中華職棒的身上。

願所有球員都能珍惜自己的羽毛，不要輕易的弄汙、染黑，不僅要學會展翅高飛、更要飛得長、飛得遠，珍惜眼前得來不易的榮景；我想用當年徐總在我新人年時送我的良言轉贈，希望每個職棒選手都能以「現在好」、「一直好」，還要「好很久」為目標，讓中華職棒隨著選手世世代代的精進傳承，「現在好」、「一直好」，然後「永遠都很好」！

棒球從各方面改變了我的人生

邂逅了棒球這項運動，讓我不服輸的個性有了一個可以盡情揮灑的舞台；也是棒球教會我一個人可以為了成功具備多麼強大的意志力；而最後，棒球這項運動讓我感觸最深的是，它教會了我做人處世的道理。

人生就像棒球的投打對決，你是站上打擊區的打者，而每次碰到一個不同的人，就像面對一位不同的投手。

每次與陌生人的相識與互動，就像進行一場投打對決，有的人對你投直球、有的人對你投變化球，身為打者，你需要細心揣摩，才能面對瞬息萬變的賽局。

在現實社會中，每個人日常都要面對不同的投打課題，今天你的對手可能是主管，他丟給你的直球你有辦法承接嗎？明天你要對決的可能是你的客戶，他丟給你的七彩變化球你有辦法應對嗎？

無論碰到直球還是變化球，身為打者的你，就是做足功課、帶著信心上場打擊，並且設法掌握你與對方的甜蜜點，掌握得宜，做出有效揮擊，那人與人的關係就能禮敬融洽，如沐春風。

我曾經在這樣的投打對決被三振過很多次、甚至還被觸身球打過，但是屢經挫敗後的我沒有放棄，我的「隊友」林家嘉選手告訴我：「不要想太多，鎖定好你要的球路，然後球來就打！」

我有技術、有經驗、又有了神隊友們的幫助，所以讓我能夠「全為一」，做出最完美的揮棒。

人與人之間的心結，就像難打的球路一樣，即使暫時無解，但只要是好球，終究是要通過好球帶，也總有一天會被你打中的；不管在人生哪個階段、身處哪項產業、面對哪些對手，其實都是相同的道理。

期許每位讀到本書的讀者，都可以掌握人生舞台上關鍵的投打對決，揮出最好的一棒，成為自己人生中的最有價值球員！

寫作後記

如果從中華職棒選出首批入選名人堂的成員時，能比照美國職棒遴選時的「五不朽」（Five Immortal）標準，挑選出五位在中華職棒生涯通算成績最優秀的五大傳奇球星的話，我的選擇是張泰山、彭政閔、林智勝、潘威倫和林益全。

他們的共同點是中職資歷都超過十五年以上，也都在生涯通算投打紀錄榜上各霸一方，能撰寫他們任何一位的傳記，我個人認為對於體育作家而言都是榮耀。

二〇〇九年是林益全的新人年，也是我進入中華職棒球團工作的新人年，益全跟我之前寫過的另一位傳記主角詹智堯一樣，也是我另一位職棒同梯；當年我見證他以超級新人之姿席捲中職聯盟，球季結束後幾乎囊括各項打擊獎項，還包辦了新人王與年度最有價值球員，能用這種表現宰制全聯盟的新人，除了林益全和王柏融，真的很難找到第三人。

二〇一五年我在《運動視界》寫過一篇專欄，主角是義大犀牛隊史最強的三、四棒連線高國輝和林益全，我當時期許他們兩人能夠追比前輩，和另一對我認為當屬中職史上最強三、四棒連線的林智勝和陳金鋒並駕齊驅，也是在同一年我訂下目標「我要幫國輝和益全寫自傳」，經過十年以後，我把這個目標完成了。

在撰寫益全的自傳以前，我已經先完成了他太太家嘉的傳記，如今益全的新書付梓之後，也開創了中職夫妻檔都有個人傳記的佳話，榮幸的是，這對伉儷的自傳都是由我執筆。

如益全所願，我們不像傳統自傳一樣做編年史、寫流水帳，而是蒐羅眾多他生涯各階段的小故事，薈萃他心、技、體及棒球觀等精華奧義於其中，再以類似文字蒙太奇的手法，拼湊出一個完整樣貌的林益全。此外，我們也不像傳統傳記開設一個家庭章節來描述他的父母、妻子與兒女，但你會發現這些親人對於林益全的影響早就充斥在字裡行間，無所不在。

大多數人應該從沒留意過，「林益全」這三個字都是左、右兩側完全對稱的文字。人如其名，這似乎也反應在他的棒球人生，他一直在尋求最完美的均衡狀態，無論是打擊時身體兩側的力量均衡、進攻和防守兩端的表現均衡、還是個人成就與團隊戰績的共榮均衡。

他投身的事業，是棒球這個微妙的體育項目，雖然是團隊運動，但每位打者進行的投打對決相對獨立、而每個獨立打席的成績串聯後卻又與比賽勝負息息相關；單一選手表現得再完美，左右戰局的能力又遠不如籃球或足球。

棒球就是如此奧妙、這是一種需要每位選手各自將專長發揮到極致後疊加效益才能追求團隊勝利的運動，這也造成像林益全這一類個性、成績與作風的選手在棒球團隊中顯得十分「特別」，棒球裡什麼是真正的「融入團隊」？打棒球到底有沒有所謂的「獨善其身」？這本書會為你帶來解答。

在撰寫益全這本書的時候，我同樣有向他學習的部分，那就是如何當個好兒子、好丈夫，尤其是當個好爸爸，跟他屬於同世代的我，非常羨慕益全與他兒子喬治間的互動，也佩服他能在兼顧事業蓬勃發展下，仍能維持與孩子們的親密關係，讓小孩不會因為父親忙於工作而產生疏離感。我希望學習他，在自己能力所及盡可能的做出一個父親應有的榜樣，在孩子心中留下深刻又美好的印象。

正因如此，我想把這本書送給我的兒子卓小包：「孩子，希望你在看這本書的時候，可以知道爸爸常閉關在書房裡孜孜不倦的寫作究竟是為了什麼；這本書的完成時間，剛好就在你小學中年級開始學習寫作文的階段，希望爸爸的寫作事業也可以在過程當中給你帶來好的榜樣，也希望你到能夠看懂這些偉大球員傳記的年齡時，會發現爸爸在書中留言給你的小驚喜，並且從書中主人翁的故事當中得到啟發，充分理解自己的專長與興趣，開創屬於自己的新天地。」

——卓子傑

入魂 35

All in 全力出擊：林益全的球心之道

作者　林益全、卓子傑

堡壘文化有限公司 ——

總編輯　簡欣彥
副總編輯　簡伯儒
責任編輯　簡伯儒
照片協力　游智勝、李鴻明
行銷企劃　黃怡婷
封面設計　萬勝安
內頁構成與版型設計　廖勁智

出版　堡壘文化有限公司
發行　遠足文化事業股份有限公司（讀書共和國出版集團）
地址　231 新北市新店區民權路 108-2 號 9 樓
電話　02-22181417
傳真　02-22188057
Email　service@bookrep.com.tw
郵撥帳號　19504465 遠足文化事業股份有限公司
客服專線　0800-221-029
網址　http://www.bookrep.com.tw
法律顧問　華洋法律事務所 蘇文生律師
印製　韋懋實業有限公司

初版 1 刷 2025 年 4 月
定價 新臺幣 480 元

ISBN　978-626-7506-84-4
eISBN (PDF) 978-626-7506-83-7
eISBN (ePub) 978-626-7506-82-0

有著作權　翻印必究
特別聲明：有關本書中的言論內容，不代表本公司／⊠出版集團之立場與意見，文責由作者自行承擔

國家圖書館出版品預行編目（CIP）資料

All in 全力出擊：林益全的球心之道／林益全，卓子傑著．
-- 初版．-- 新北市：
堡壘文化有限公司出版：遠足文化事業股份有限公司發行，
2025.04
288 面；14.8×21 公分．--（入魂；35）
ISBN 978-626-7506-84-4（平裝）

1.CST: 林益全 2.CST: 職業棒球 3.CST: 運動員 4.CST: 傳記

783.3886　　114003857